映画に導かれて暮らす韓国

——違いを見つめ、楽しむ50のエッセイ

成川彩

CUON

映画に導かれて暮らす韓国

――違いを見つめ、楽しむ50のエッセイ

目次

一　映画が教えてくれた

二　韓国に暮らして

三　出会いと発見

［凡例］

・映画のタイトルに付した（　）は制作国における公開年。ドラマタイトルの場合は韓国での放映年。
・映画、ドラマの登場人物名に付した（　）内は演じた俳優の名前。
・韓国ウォンの日本円概算は、おおよそ一万ウォン＝一千円。

一　映画が教えてくれた

セウォル号事故　映画で知ったこと

二〇一四年四月一六日、韓国の大型客船セウォル号が転覆し、海に沈んだ。私はスマートフォンで「韓国で修学旅行中の高校生たちが乗った船が沈没する事故が起きたが、乗客は救助された」というニュースを見ながら出社した。当時勤務していた朝日新聞大阪本社に着いて、テレビのニュースを見ていると、隣にいた先輩記者が「救助されたというわりに、救助艇が見えないのはなんでかな」と首をかしげた。そういえば変だなとは思ったが、船内にまだたくさんの乗客がいることを知ったのは、午後になってからだ。

デスクから「韓国に出張できるか？」と聞かれ、覚悟はしていたが、正式に出張を命じられたのはその日の夜一一時ごろだった。慌てて翌朝の飛行機を予約し、当面のスケジュールの調整などでほぼ徹夜のまま韓国へ飛んだ。

朝日新聞ソウル支局に寄って、最初に向かったのは、京畿《キョンギ》道《ド》安山《アンサン》の檀園《タンウォン》高校。この学校の生徒たちが、修学旅行でセウォル号に乗船していた。まだ事故翌日で、無事の帰還を祈る在校生と保護者たちが集まっていた。私も取材しながら一緒に無事を祈った。そしてその翌日から、事故現場に近い全羅南道珍島《チョンラナムドチンド》へ移動し、取材に当たった。

事故発生時から政府の発表もメディアの報道も錯綜し、乗船している家族の救助を待つ人々と記者たちの間には殺伐とした空気が流れていた。カメラを取り出すのもこわごわという感じで、まともに話が聞けるような雰囲気ではなかった。乗客の家族が待機していた体育館では、時折悲鳴にも近い泣き声が聞こえてきた。家族の死亡が確認された瞬間だった。救助を待っていたはずが、死亡確認だけが繰り返し伝えられた。

取材環境も劣悪だった。ノートパソコンで原稿や写真を送るのに、事故現場近くの港には使えるような電源がなく、ボランティアで駆け付けた民間人ダイバーたちのテントで電源を借りた。そうやって毎日テントに通っていると、救助のためにやってきたダイバーたちが海に入れず何もできないでいることを知った。海に入る許可を求めて海洋警察庁と話し合うが、許可が出て実際に海に入れるダイバーはほとんどいなかった。仕事の休みを取って駆け付けたのに、セウォル号が沈んだ海を眺めることしかできず、「悔しい」と泣き出すダイバーもいた。

韓国の大手メディアは大々的に救助活動が行われているかのように報じていたが、私が現場で見聞きしたことは違った。東京本社には見聞きした通りに原稿を送ったが、韓国政府の発表とあまりにも違ったためか、掲載されることはなかった。

救助された人たちが入院している木浦《モッポ》の病院にも行った。そこで病院職員の一人が私にこっそり声をかけてきて、「実はセウォル号の船長の映像がある」と見せてくれた。事故直後に船長が港の臨時診療所で手当てを受けて出ていく映像だったが、未公開のものだった。すぐにソウル支局に連絡し、入手することにしたが、その間に病院内部で気付かれてしまったようだ。日本の新聞にだけ出るのはまずいという判断だろう、病院にいたすべての記者に同時に動画ファイルが渡された。なぜそれまで公開しなかったのか、病院職員はなぜ外国人記者の私にだけこっそり教えたのか、今考えてもよく分からない。セウォル号事故の取材は、理解できないことの連続だった。何を信じて何を報じればいいのか、私自身も混乱した。

一週間の取材を終えて身も心も疲れきって日本へ戻った。涙も出ない自分自身に驚いた。が、一年が過ぎ、母にセウォル号事故の現場での話を始めると涙があふれ出し、止まらなくなった。その時になって初めて、涙も出ないほどショックだったんだと気付いた。涙をいっぱい流した後、少しだけ心が軽くなった気がした。遭遇した事柄によって、話したいタイミング、泣きたいタイミングは人それぞれ違うということを知った。

映画を見て、思いっきり泣くことで癒されることもある。イ・ジョンオン監督の『君の誕生日』(二〇一九)という映画を見た時に、そう思った。セウォル号事故から五年を経て作られた、事故で亡くなった高校生の遺族を描いた映画だ。亡くなった息子の誕生日を息子の友達や親戚たちと偲びたい夫(ソル・ギョング)と、亡くなったことを受け入れられず、誕生日の集まりを嫌がる妻(チョン・ドヨン)、そしてそんな両親の様子をうかがいながら、こっそりお兄ちゃんを懐かしむ妹(キム・ボミン)。劇映画だが、ドキュメンタリーを見ているような気がした。「実際そうかもしれない」と思うような場面が多かったからだ。俳優の演技力によるところも大きいが、何よりもイ・ジョンオン監督が長い時間ボランティア活動を通してセウォル号事故の遺族と過ごす中で見聞きしたことが土台になっていたからだろう。私はこの映画を通して、事故直後の現場で聞くことのできなかった遺族の心の内をやっと聞けたような気がして、思いっきり泣いた。

『1987、ある闘いの真実』のように熱かった日本

チャン・ジュナン監督の映画『1987、ある闘いの真実』（二〇一七）を見て、日本もこんな熱い時代があっただろうかと考えてみた。大統領直接選挙制の実現など民主化を求める大規模なデモが繰り広げられた、一九八七年の六月民主抗争を描いた映画だ。日本ではおそらく一九六〇年代前後が、安保闘争や全共闘運動など、最も市民運動が盛り上がった時期ではなかろうか。一九八二年生まれの私は親から聞いたり、本で読んだり、ドキュメンタリーを見たりで知っている程度だ。

韓国では六月民主抗争によって大統領直接選挙制を民衆が勝ち取ったが、日本では明確に運動側が「勝った」と言えるような目立った成果はなかったように思う。七〇年代以降、日本では市民運動の情熱はどこかへ消えてしまったように感じていた。

ところが、一時帰国中に日本で会った二人の話を聞きながら、そうでもないのかもしれない、と考え直した。

一人は、「むくげの会」の飛田雄一さんだ。飛田さんは神戸学生青年センター理事長でもある。むくげの会は一九七一年に結成された、朝鮮の文化や歴史、言葉などを研究するグループで、一九五〇年生まれの飛田さんは創設メンバーの一人だ。むくげの会の勉強会は神戸学生青年センターで開かれてきた。私が通った神戸大学の近くにあり、勉強会に参加したこともある。メンバーは一〇人前後の小さなグループだが、勉強会には講師を呼ぶことが多く、著名人が講師で来ることも少なくなかった。故朴元淳《パクウォンスン》ソウル市長も市長になる前に講師を務めた。

　さらに個人的なことを言えば、飛田さんは私の父の高校の後輩で、幼い頃から家族ぐるみでお付き合いしていた「知り合いのおじちゃん」でもある。そんな飛田さんやむくげの会について、改めてきちんと話を聞くことになったのは、韓国で在籍した東国《トングク》大学日本学研究所の研究プロジェクトの一環だった。日本で早くから朝鮮や在日コリアンについて研究してきたグループとして、インタビューすることになったのだ。

　むくげの会創設以前、飛田さんは「ベトナムに平和を!市民連合（ベ平連）」の活動に参加していた。ベトナム戦争反対運動だ。一九七三年の和平成立によって活動は終わるが、その活動を通して戦争や人権について考えるようになり、在日コリアンの問題にも関心を持つようになったのだという。今より差別が深刻だった頃だ。むくげの会は、差別をなくすことを目標に在日コリアンを含む朝鮮関連の研究をする会として始まった。メンバーは大半が日本人で、朝鮮半島の南北どちらにも偏らない集まりだったが、スパイと疑われたり、「アカ」と言われたり、偏見の目で見られることも少なくなかったという。それでも飛田さんは振り返って「楽しかった」と言う。「私にとって、むくげの会は青春そのものだった」と、澄みきった目で語った。ベトナム戦争が終わっても、戦争反対のその情熱はむくげの会の活動につながったのだ。

もう一人は、大阪で映画の配給や宣伝をやっている「キノキネマ」代表の岸野令子さんだ。韓国映画の配給や宣伝も多く手がけ、新聞社にいた頃からの付き合いだ。韓国映画『でんげい』(二〇一五)の配給、宣伝も岸野さんが担当した。『でんげい』というのは、伝統芸術部の略で、大阪の建国高校伝統芸術部のドキュメンタリー映画だ。建国高校は韓国系の学校で、伝統芸術は韓国の伝統打楽器や民族舞踊を指す。全国高校総合文化祭の郷土芸能部門に大阪代表として毎年のように出場している「強豪」だ。韓国の伝統芸術が大阪代表?と、驚いたが、大阪に在日コリアンが多いことを考えれば、それも自然なことかもしれない。

ドキュメンタリー映画は、日本でも韓国でも劇場公開自体が難しいものだ。だが、岸野さんは「この映画を日本の人たちにも見てほしい」という思いで、赤字覚悟で配給、宣伝を申し出た。『でんげい』は、日本の地で韓国の伝統芸術に打ち込む高校生たちの青春がつまった映画だが、在日コリアンについて知る機会にもなる。日本で劇場公開されるだけでうれしい、とチョン・ソンホ監督は喜んでいたが、予想を上回る好評を得て、実際は赤字にはならなかったという。

「私は映画を通して世界平和に貢献したい」と堂々と話す岸野さんは、飛田さんと同世代の一九四九年生まれだ。話を聞けば、やはりベトナム戦争反対運動に参加していたという。戦後生まれのいわゆる団塊の世代は、戦争を繰り返すまいという意識を持つ人が比較的多いようだ。だが、その市民運動の情熱は日本では残念ながら次世代に引き継がれなかった。韓国の民主化運動と比べた時、目立った「成功体験」のなさが、次世代の無関心につながったように思う。

　韓国で二〇一六年から二〇一七年にかけて開かれたろうそく集会には、一〇代もたくさん参加した。民主化運動に参加した世代の子どもの世代だ。朴槿恵《パククネ》大統領の退陣を訴え、一〇〇万人を超える人々が集まった時には、ニュースで「三〇年ぶり」の大規模集会と報じられた。三〇年前といえば、一九八七年の六月民主抗争だ。

　岸野さんは『1987、ある闘いの真実』を見て、「最近の日本ではなかなか作られない映画。特に日本の若い世代は自分の身近なこと以外にあまり関心を持たない傾向がある」と語った。『1987、ある闘いの真実』のような映画が作られ、大ヒットする韓国。民主化運動の成功体験がろうそく集会につながり、着実に次世代に受け継がれているのが、日本との大きな違いだと感じる。

「C級映画」の魅力

SF映画といえば、膨大な製作費を投じたハリウッド映画を思い浮かべる人が多いだろう。ところが、低予算の「C級映画」でも宇宙へ飛んでしまうSF映画が存在する。韓国で二〇二一年に公開されたペク・スンギ監督の『インチョンステラー』だ。ん？どこかで聞いたことあるぞと思った人、それはクリストファー・ノーラン監督のSF映画『インターステラー』(二〇一四)。『インチョンステラー』は、韓国の仁川《インチョン》から宇宙へ行く映画だ。ペク監督は『インターステラー』にライバル意識を持ちながら作ったと話している。

映画に等級をつけるのは気が引けるが、「C級映画」という言い方はペク監督自身が使っている言葉だ。最初に作った長編映画の予算はなんと五〇〇万ウォンだったという。堂々と手作り感満載のC級映画を追求してきたペク監督は、仁川生まれではないが仁川育ちで、『インチョンステラー』を含め、手がけた映画の七割以上は仁川で撮影している。二〇二一年に仁川で「仁川映画列伝」というイベントが開かれ、『インチョンステラー』

の上映とペク監督のトークがあったので参加し、映画を見て気になった点を監督に直接質問した。

「仁川映画列伝」は、「仁川市独立四〇周年」を記念するイベントだ。独立というのは、一九八一年に京畿道から独立したという意味だ。現在は仁川広域市となっており、人口はソウル特別市、釜山《プサン》広域市に次いで三番目に多い。

『インチョンステラー』のインチョンはもちろん「仁川」の意味も込められているが、タイトルでは「人天」という漢字を使っていた。ペク監督が「人間の存在についての本質的な問いを投げかけた。我々の存在がいかに無限の可能性を持っているのか」と話しているように、哲学的な要素もある映画だ。

『インチョンステラー』のステラーは『インターステラー』から来ているのもあるが、現代自動車の「ステラ」の意味もある。主人公たちが宇宙へ飛び立つのは、このステラという車に乗って、だ。もちろん映画では「宇宙船」と言い張るのだが、どう見ても車だ。一緒に映画を見た韓国人の友達は、ステラの登場に吹き出していた。一九八三年から一九九七年にかけて生産された車だそうで、韓国人にとっては懐かしの車なのだ。

主人公ナム・ギドン（ソン・イヨン）をはじめ、宇宙飛行士たちの所属はNASA（アメリカ航空宇宙局）ならぬASA（アジア航空宇宙局）だ。仁川の月尾《ウォルミ》公園展望台がASA本部として登場する。私は映画が始まってからずっと、どうやって宇宙に行くのか気になっていた。ついにある学校の運動場で、涙の別れのシーンを経てステラに乗った宇宙飛行士たちが飛び立った！と思ったら、しばらく後に車からよれよれに疲れた宇宙飛行士たちが降りてきた。な、なんと、宇宙へ行ってきたというのだ。車はその場から1ミリも動いていないのに。その後宇宙のシーンも登場したが、観客の想像に任せる「C級映画」の魅力を感じた瞬間だった。

『インチョンステラー』を見ながら思い出したのは、低予算の映画ながら日本で二〇一八年に異例のヒットで話題になった上田慎一郎監督の『カメラを止めるな！』だ。これは前半がゾンビ映画、後半がその種明かしとなっていて、前半を見ている時にはこれがなぜヒットしているのか分からなかったが、後半のそのゾンビ映画を作る過程を見て納得した。ヨン・サンホ監督の『新感染　ファイナル・エクスプレス』（二〇一六）やその続編『新　感染半島　ファイナル・ステージ』（二〇二〇）のような大作の圧倒的な迫力のゾンビ映画とは違う、低予算ならではの工夫そのものに「映画を作りたい！」という熱意が感じられて楽しかった。

こんな話をペク監督への質問の時にしてみたら、ペク監督も『カメラを止めるな！』は大好きな映画で、大いに刺激を受けたと話していた。低予算だからゾンビ映画も宇宙映画も作れないということはない。それはそれで、別のおもしろさがある。

　仁川がテーマのイベントなので、仁川のロケ地で特に思い入れのある場所についても聞いてみた。一つは仁川自由公園だそうだ。朝鮮戦争（一九五〇〜一九五三）で仁川上陸作戦を指揮したマッカーサーの像があることで知られ、私も何度も行ったなじみの場所だ。仁川の港が一望できる立地で、映画やドラマの撮影が多い。ペク監督は、高校の教師でもある。宇宙船が出発する運動場は、以前勤めた高校の運動場で、ヒロインを演じたカン・ソヨンはかつての教え子だという。

　コロナ禍で劇場公開が難しくなり、映画の危機を感じていたなかでも、映画の可能性は無限だというのを教えてくれる「C級映画」だった。

『軍艦島』に対する日韓の反応

韓国でコロナ禍の数少ないヒット作の一つ、映画『モガディシュ　脱出までの14日間』(二〇二一)のリュ・スンワン監督の前作は、二〇一七年に公開された『軍艦島』だった。『モガディシュ』はソマリア内戦からの脱出劇、『軍艦島』も過酷な炭鉱労働の現場、軍艦島からの脱出劇だったが、『モガディシュ』の記事で『軍艦島』に言及するものはほとんど見られなかった。「歴史歪曲」など多くの批判を浴び、監督にとっては忘れたい前作なのかもしれない。

『軍艦島』は一九四五年の端島(通称軍艦島)を舞台に、炭鉱労働者として働く朝鮮人が集団で島から脱出する映画だった。

この映画については劇場公開されていない日本でも批判の声が広まった。特に予告編で旭日旗を破るシーンが取り上げられ、「反日」のイメージが強かったのだろう。実際に映画を見るとそれほど重要なシーンではなかった。

一方韓国では、過酷な労働を強いた日本の蛮行を描いた映画を想像していたら、むしろ朝鮮人同士の裏切りが描かれていて不満に感じた人も多かったようだ。

二〇一五年ごろから韓国では日本植民地時代を背景にした映画が相次いで公開されていたが、『軍艦島』ほど日本での反応が大きかった作品はなかった。二〇一五年に世界文化遺産に登録された軍艦島が舞台だったことがその理由のようだ。

韓国では、朝鮮人労働者についての説明が不十分なまま世界遺産として登録されることに反発の声が上がり、登録後も説明を求め続けてきた。日本で映画『軍艦島』への拒否反応が起きたのは、世界遺産登録をめぐる日韓の攻防があったためだろう。

後にユネスコの世界遺産委員会は二〇二一年に採択した決議で、日本の説明不足を指摘し、「強い遺憾」を表明した。これを受けて日本は朝鮮人労働者の歴史を反映する新たな措置を取った。

韓国の知人の中には「韓国で日本植民地時代を背景にした映画が作り続けられるのは、日本がその歴史を隠そうとするからだ」と言う人もいる。そうかもしれない。ただ、『軍艦島』は韓国の人たちの歴史を明らかにしてほしいという期待とは違い、軍艦島を舞台にしながら架空の物語が描かれたことにがっかりした人が多かったようだ。

ちなみに『モガディシュ』で描かれた韓国大使館と北朝鮮大使館の職員と家族が協力し

て一緒にソマリア内戦から脱出したストーリーは、実話がベースになっている。

私は映画『軍艦島』を見た二〇一七年夏、本物の軍艦島へ行った。一九七四年に炭鉱が閉鎖されて以降、無人島となっている。ツアーに申し込み、韓国の記者と一緒に軍艦島行きの船に乗った。軍艦島周辺は波が荒く、上陸できない日も多いそうだが、私たちは運良く上陸できた。

映画に出てくる集団脱出はフィクションだが、劣悪な労働環境から逃れるため個人で脱出した人は実際にもいた。荒々しい波を見ると、命がけの脱出だったことが分かる。波にのまれて陸地にたどり着けなかった人もいたという。

ツアーガイドは朝鮮人労働者にまつわる説明はしなかったが、林えいだいさんの『写真記録　筑豊・軍艦島　朝鮮人強制連行、その後』（弦書房）に詳しく書かれていた。この本は、私が軍艦島に行くと言ったら先輩記者が勧めてくれた。

軍艦島で直接見たものの中で最も印象的だったのは、炭鉱に降りる入り口までの階段だ。この階段を上り、そこからエレベーターで地下一千メートルの坑道に降りたという。一〇メートル下るのも怖い気がするが、どんな気持ちでこの階段を上っただろうと想像してみた。

ツアーガイドは鉱夫が炭鉱で働いた時間は八時間と言ったが、本によれば太平洋戦争当時の鉱夫たちの労働時間は一二時間だったという。食糧も十分でない状況で危険な仕事をそれだけ長時間やれば、映画に出てくるような事故も起きただろう。『写真記録　筑豊・軍艦島』を読めば、軍艦島のみならず筑豊の炭鉱でも当時多くの朝鮮人が働いていたことが分かる。写真を見れば、少年のように見える労働者もいた。

リュ・スンワン監督は「軍艦島の写真を見た時、この中で起きたであろう出来事が頭に浮かんだ」のが最初に映画『軍艦島』を作ろうと思ったきっかけだと話していた。劇映画で実際にはなかった集団脱出を描いたからといって「歴史歪曲」とは思わないが、軍艦島の歴史に日韓双方で敏感になっていた中での公開で、批判を浴びる結果となってしまったのは残念だ。

少なくとも私はこの映画をきっかけに軍艦島へ行き、林えいだいさんという偉大な記録者の存在を知った。

『金子文子と朴烈《パクヨル》』に出演した在日コリアン

イ・ジュンイク監督の映画『金子文子と朴烈《パクヨル》』（二〇一七、以下「朴烈」）には、在日コリアンの俳優が出演している。イ・ジュンイク監督の前作『空と風と星の詩人〜尹東柱《ユンドンジュ》〜』（二〇一六、以下「東柱」）にも出ていたキム・インウさんだ。私は「東柱」でキム・インウさんに興味を持ち、調べてみると、その前にもチェ・ドンフン監督の『暗殺』（二〇一五）で見ていたことが分かった。

「東柱」で日本人刑事役を演じたキム・インウさんに釘付けになったのは、日本語が完璧だったからだ。韓国映画の日本人役は韓国の俳優が演じることが多く、日本語が不自然で映画に集中できないことが多々あった。キム・インウさんは在日三世の俳優で、もともと日本で活動していたが、韓国へ拠点を移し、韓国の映画やドラマに出演している。二〇一六年、釜山国際映画祭の取材のために韓国へ出張した際、ソウルに寄ってキム・インウさんにインタビューした。これが私の朝日新聞記者として最後の記事になった。

「東柱」でキム・インウさんの演技が特に印象的だったのは、カン・ハヌル演じる主人公の尹東柱の取り調べ中に涙を浮かべたシーンだった。尹東柱は植民地時代に朝鮮から日本へ留学した詩人だが、治安維持法違反で逮捕され、二七歳の若さで福岡刑務所で獄死した。キム・インウさん演じる刑事は高圧的な態度で取り調べに当たりながらも、尹東柱の訴えに内心揺さぶられているように見えた。「在日として生まれ育ち、幼い頃から植民地時代について考える機会が少なくなかった。だからこそ自然に出てきた演技だったかもしれない」と振り返る。

キム・インウさんはイ・ジョンヒャン監督の『おばあちゃんの家』(二〇〇二)がきっかけで韓国映画に関心を持つようになったという。『おばあちゃんの家』は、幼くして母を亡くしたキム・インウさんにとって母性愛を感じる映画だった。「自分に愛をくれた初めての映画」と語った。韓国映画に出演することを目標に二〇〇八年に渡韓し、大学の語学堂で韓国語を学んだ。韓国人なのに韓国語で自由に話せないことが悔しく、毎日韓国語の勉強に明け暮れたという。次第に韓国の映画やドラマへの出演が増え、役はほとんどが日本人役だが、舞台あいさつでは流暢な韓国語で観客に語りかける。

キム・インウさんは「朴烈」では「東柱」の刑事以上に悪役だった。一九二三年の関東大震災後、朝鮮人虐殺を誘導し、隠蔽した内務大臣役だ。韓国映画に出てくる日本人役は悪役が多いが、日本の俳優が演じるにはハードルが高い。そういう意味でもキム・インウさんは韓国映画界で貴重な存在だ。

「朴烈」にはキム・インウさん以外にも日本語ネイティブの俳優が多く出演し、不自然な日本語のせいで集中が途切れることはほとんどなかった。金子文子役のチェ・ヒソさんは韓国の俳優だが、日本で暮らしたことがあり、ネイティブのように日本語がうまい。日本の劇団「新宿梁山泊」のメンバーも何人か出演している。金子文子と朴烈に死刑を宣告する裁判長役は新宿梁山泊代表の金守珍《キムスジン》さんだ。金守珍さんは朴烈が法廷で朝鮮人虐殺について訴える場面で、複雑な表情を浮かべた。イ・ジュンイク監督は「ああいう表情が出てくるのは、金守珍さんが在日コリアンだからというのもあるかもしれない」と話した。

韓国映画ファンとしては、在日コリアンの俳優の活躍により映画の完成度が高まるのはうれしいことだ。特にキム・インウさんは機会あるごとに自身が在日コリアンであることを話し、少しでも韓国で在日コリアンについて理解が深まるよう、努力している。韓国に来て、韓国語が自由に話せないことで悔しい思いをしたことも、その理由の一つだ。インタビュー時には「韓国映画に韓国人役で出るのが目標」と語っていたが、それもすでに実現している。次はどんな姿を見せてくれるのか、どんどん増えていくフィルモグラフィーがまぶしい。

『ニッポン国vs泉南石綿村』に見た「現代の奇跡」

二〇一七年の釜山国際映画祭にはスタッフとして参加し、何人かの日本の監督や俳優の公式インタビューや通訳を担当した。この年は新聞社を辞めて初めての釜山映画祭で、自由に観客として楽しみたい気持ちもあったが、例年よりも日本映画の上映が多く、それゆえ日本からのゲストが多いということで、運営側のお手伝いに回った。それはそれで貴重な体験ができた。

最も多くの時間を割いたのは、原一男監督のドキュメンタリー映画『ニッポン国vs泉南石綿村』（二〇一八）の通訳だ。二一五分の大作で、上映後の質疑応答も一時間以上にわたり、一回の上映でほぼ半日が終わるようなボリュームだった。

原監督は『ゆきゆきて、神軍』（一九八七）などで知られるドキュメンタリー界の巨匠で、韓国でも映画を学ぶ学生たちの間でよく知られている。釜山映画祭側からも特に入念に準備してほしいと頼まれ、原監督の過去の作品もすべて映画祭前に見た。

泉南は大阪府南部の市で、かつて石綿製品を作る工場が密集し、「石綿村」とも呼ばれた。石綿（アスベスト）は、肺がんや悪性中皮腫など致命的な病気の原因となりうる危険物質だ。「ニッポン国」はその危険性を知りながらも経済発展を優先し、対策を怠った。二〇〇六年、石綿工場に勤務して肺がんや中皮腫を発症した被害者たちは国を相手取って損害賠償訴訟を起こし、二〇一四年にやっと最高裁判決で国の責任を認め、原告が勝訴した。

原監督はこの裁判の過程や原告の被害者たちを一〇年以上にわたって記録した。泉南地域の人たちの特徴なのか、被害者といってもやけに明るい。弁護士たちと共に裁判闘争を楽しんでいるようにすら見えた。それが、映画が進むにつれて、一人、二人と病に倒れ、亡くなっていく。明るい笑顔を見ていただけに、そのギャップに胸が詰まった。

釜山映画祭での上映には、日本と韓国の石綿被害者が集まった。上映後、韓国の被害者の一人が「日本で規制が強化された後、石綿工場が韓国へ渡ってきて、また同じ被害を広げたことが映画に出てこなかった」と指摘した。原監督はその事実も把握していたという。「ただ、韓国でもすでに規制が強化されて、工場がなくなった後だったので撮れるものがなかった」と答えた。「韓国からまた別の国に工場が移ったと聞いた」と言う原監督に、その観客は「インドネシアに移った」と答えた。

私は通訳をしながら、内心本当にびっくりした。危険性を分かっていながら、自国の規制が厳しくなったら他国へ工場を移すなんて……。自国でない他国の被害は関係ないということだろうか。批判されるべきは国だけではない気がした。民間企業や一般の人も共に考えるべき問題だ。映画を通し、国際的な石綿の被害について語り合う有意義な時間となった。

石綿工場と韓国との関連はこれだけではなかった。泉南の石綿工場の労働者の中には在日コリアンもいた。原監督と共に来韓した石綿被害者の中にも在日コリアンの女性がいて、上映後にマイクを握った。「日本では韓国籍というのを隠してきたけれど、石綿被害者の日韓交流を通して韓国に来る機会ができて、少しずつ祖国に愛着を感じるようになってきた」と話した。

原監督が映画の中で在日コリアンの労働者が多かったことを強調したのは、経済的弱者にしわ寄せがいったことを伝えるためだったのだと思う。韓国籍では就職が難しかった当時、石綿工場では働けた。日本人の労働者も、地方から大阪へ出稼ぎに来た人や、シングルマザーなど、経済的弱者が多かった。

内容は深刻なはずなのに、映画を見た後、重苦しい気持ちにはならなかった。原監督が言うように「現代の奇跡」を描いた映画でもあったからだ。奇跡というのは、原告側弁護士たちの献身的な姿だ。一審勝訴の後、二審で敗訴して原告たちと一緒に泣く様子、最高裁で判決が翻って勝訴した瞬間は、どんな劇映画よりも感動的だった。

刺激的な韓国作品、穏やかな日本作品

ソウルの南山《ナムサン》芸術センターで開かれた「第八回現代日本戯曲朗読公演」に参加するため、日本から劇作家や俳優、評論家ら演劇関係者が一〇人ほど来韓した。二〇一八年三月のことだ。日本の戯曲を韓国語に訳して韓国の俳優たちが朗読する公演で、一般の観客も見に来た。

当時、#MeToo運動で韓国の大物演劇人も告発され、委縮した雰囲気を予想していたが、若い観客もたくさん来て、原作者や演出家と観客の対話も盛り上がった。

東京でも韓国の戯曲を日本語に訳して日本の俳優たちが朗読する公演が開かれていて、二〇〇二年から隔年相互に行われ、多数の演劇作品が行き交ってきた。

演劇界の日韓交流は政治的な日韓関係が良かろうが悪かろうが関係なく続いてきた。演劇はその時その時の社会を反映する傾向が強く、現在どんなことが日本や韓国で社会問題となっているのかを共有する機会でもある。残念ながらこんなおもしろい企画があると

知ったのが遅く、私が観客として参加したのは二〇一八年のソウル公演が三度目だった。

三度参加して感じたのは、同じ作品でも日本の観客よりも韓国の観客のリアクションが大きいということだ。とにかくよく笑う。例えばソウルで見た長田育恵さんの『対岸の永遠』という作品はソ連からアメリカへ亡命した父と、ソ連に残された娘の葛藤を中心に描かれた作品だった。おそらく日本で上演された時の客席は静まり返っていたのではないかと思う。韓国語版は軽いというわけではないが、演出なのか、俳優のアドリブなのか、吹き出さずにはいられない場面が何度かあった。韓国語版を見た長田さんは「観客の反応が大きくて幸せでした」と話していた。

逆に韓国の戯曲『人類最初のキス』の日本語版が東京で上演された時、作者のコ・ヨノクさんは「韓国では観客がいっぱい笑っていたのに、日本の観客は静かで心配になった」と話していた。おもしろくないから静かだったわけではないはずだ。日本の観客は映画でも演劇でも客席で声を出して笑う習慣はあまりない。

ポン・ジュノ監督の『パラサイト　半地下の家族』(二〇一九)は、私は韓国でも日本でも映画館で見たが、韓国では何度も笑いが起きたのに、日本では満席でも笑っているのは私一人で、その差を感じた。

韓国の観客が日本の観客に比べて作品に笑いを求めていると確信したのは、映画『Be

With You～いま、会いにゆきます』（二〇一八）を見た時だった。日本の小説『いま、会いにゆきます』（市川拓司、小学館）が原作で、日本でも映画化されて好評を得た作品だが、笑うような場面はさほどなかった。ところが、韓国版はコメディーと言ってもいいほど笑いを誘う場面が多く、特に主人公ウジン（ソ・ジソプ）の親友ホング（コ・チャンソク）は日本版にはなかったキャラクターで、観客を笑わすために出てきたように見えた。

知人のシナリオ作家は「韓国ではもはや単なるラブストーリーでは投資が受けられない」と話していた。コメディーなりアクションなり、他のジャンルとミックスしないと観客が満足しないというのだ。『いま、会いにゆきます』も原作に忠実なシナリオでは投資が受けられなかったのかもしれない。

韓国では「日本映画は穏やかでいい」と言う人もいるが、主流ではないようだ。日本映画はあまり好きじゃないという人は「物足りない」と言う。映画に刺激を求めるからだろう。

私自身は、穏やかな日本映画も、刺激的な韓国映画も好きだ。だけど、ホ・ジノ監督の『八月のクリスマス』（一九九八）や『春の日は過ぎゆく』（二〇〇一）のような穏やかな韓国映画があまり見られなくなってきたのはちょっと寂しい。

『冬のソナタ』から『パラサイト』へ

二〇二〇年一月、ポン・ジュノ監督の映画『パラサイト　半地下の家族』の日本での公開に合わせ、福岡を訪れた。『パラサイト』上映後の劇場トークの依頼を受けたためだ。韓国から福岡への飛行機代は国内と変わらないくらい安いのでそれほど負担ではなかったが、ありがたい知人の配慮で、韓国観光公社福岡支社と西南学院大学でも講演をすることになった。二〇一七年に朝日新聞を退社して韓国へ留学するまではほとんど福岡と縁がなかったが、退社後初めて連載を始めたのが朝日新聞福岡版だったのがきっかけで、韓国から福岡へ行く機会が増えた。

『パラサイト』に関しては、広報に相当力が入っているのを感じた。日本で公開される何カ月も前から「メディア向けの試写会を開くが、映画専門の記者だけでなく、韓国社会について詳しい記者を紹介してほしい」という連絡を受けた。広報の甲斐あって公開前からそれなりに話題にはなっていたが、何よりアカデミー賞で作品賞を含む四冠を果たしたことで観客動員に弾みがついた。前年にカンヌ国際映画祭でパルムドール（最高賞）を受賞した時にはあまり話題にならなかったのに、日本は米国の影響を受けやすい国だと改めて思った。

私は朝日新聞で主に文化を担当したが、映画に関してはメインでなく補助的な担当だった。韓国映画の日本公開時に監督や俳優が来日すると、通訳なしにインタビューできるという理由でメイン担当が私に取材の機会を譲ってくれることが多かった。ポン・ジュノ監督には『スノーピアサー』が二〇一四年に日本で公開される時にインタビューした。私の認識ではすでに世界的に注目を浴びる監督だったが、デスクには「ポン・ジュノって誰だっけ？　俳優は来なかったの？」と言われた。一般紙の記者として韓国映画について深く掘り下げることは難しいと実感した。

退社して韓国で映画を学ぼうとソウルの東国大学映画映像学科の修士課程に留学した。ところが、母が周りに「娘が韓国映画にはまって韓国に留学した」と話すと、「ああ、『冬のソナタ』？」という反応が返ってくることが多かったという。韓流ブームといえば、その主役は韓国ドラマとK-POPで、韓国映画は日本では盛り上がりに欠けた。

それが、『パラサイト』のおかげで、多くの映画ファンが韓国映画に注目するようになった。変化の兆しは数年前からあった。『タクシー運転手　約束は海を越えて』（二〇一七）や『1987、ある闘いの真実』などを見たという男性の映画ファンから「韓国映画がおもしろい」と聞くようになった。『パラサイト』を見て「おもしろかった！」と興奮して私に連絡してくるのも大抵は男性だった。二〇〇三年『冬のソナタ』に始まる韓流ブームのファン層が女性中心というイメージがあってか、韓国映画に目を向けない男性が多かったようだ。

韓国映画ファンとしては、日本での広報の仕方にがっかりすることも多かった。主演でなくてもK-POPアイドルが出演しているとそのアイドルをポスターの中心に持ってきたり、タイトルから韓国色を消してしまったり。例えば韓国で観客数一一〇〇万人を超える大ヒットとなった映画『新感染　ファイナル・エクスプレス』の原題は『부산행（釜山行き）』だった。「新感染」と最初に聞いた時は同じ映画だと気付かなかった。

東方神起や少女時代、KARAなどK-POPが人気を集めた第2次韓流ブームは二〇一二年、李明博《イミョンバク》大統領が竹島に上陸し、日韓関係が悪化した頃から冷え込み、特に地上波でK-POPアーティストや韓国ドラマがほとんど見られなくなった。この頃、韓国映画の広報担当者たちは「地上波で韓国映画を全然取り上げてくれなくなった」とこぼしていた。タイトルから韓国色を消すようになったのも、その影響だったように思う。

だからこそ、『パラサイト』のおかげで日本で韓国映画への視線が変わったのはとてもうれしい。それにしても福岡での反応は予想よりずっと熱かった。まだ公開から間もないのに「三回見た」という観客もいた。劇場トークの後、私に声をかけて帰る人が多く、自身の感想を語ったり、気になる点を質問するなど、その熱心さに驚いた。

福岡は地理的に韓国に近く、特に釜山には船で行き来する人も多い。逆に韓国から福岡を訪れる人も多く、福岡にいると、あちこちから韓国語が聞こえてくる。福岡で韓国映画の撮影に関わったこともある。二〇一八年にチャン・リュル監督が『福岡』(二〇二〇)を撮影した時だ。桜満開の春だった。私は取材を兼ねて監督や俳優、スタッフの食事を準備する炊き出しボランティアに参加した。主演のパク・ソダムやユン・ジェムンがすぐ目の前でカレーを食べていた。それを見守るだけで幸せな気持ちだったが、ユン・ジェムンから「韓国人?」と聞かれ、「日本人だけども韓国から来た」と答えて目を丸くされたのもいい思い出だ。

チャン・リュル監督はアジアフォーカス・福岡国際映画祭に何度も招待されるうちに福岡が気に入り、福岡で『福岡』を撮ることになった。日本と韓国、日本人と韓国人の境界が曖昧に感じられる映画だった。福岡の人の中には「距離だけでなく心理的にも東京より釜山の方が近く感じる」と言う人もいるほどだ。国境も国籍も人が作ったもので、そもそも曖昧なものなのかもしれない。

タブーを破った映画『主戦場』

ミキ・デザキ監督のドキュメンタリー映画『主戦場』(二〇一九)をめぐって、出演者が監督と配給会社に上映中止と損害賠償を求めた裁判は、二〇二二年に最高裁が上告を棄却し、監督と配給会社側の全面勝訴となった。デザキ監督は日系米国人で、慰安婦問題に関し、日本、韓国、米国の論争の中心人物を訪ねて意見を聞き、ニュース映像や記事と組み合わせて作った映画だった。原告は、米国弁護士ケント・ギルバート氏、「新しい歴史教科書をつくる会」の藤岡信勝副会長ら五人で、「合意に反して商業映画として一般公開し、著作権や肖像権を侵害した」と訴えていた。

『主戦場』は二〇一九年、日本で公開された後、韓国でも公開された。私は韓国公開のタイミングで来韓したデザキ監督の記者会見を取材した。テーマがテーマなので「おもしろい」と言うのは不謹慎だが、巧みな編集でテンポよく論争がまとまっていて、映画としておもしろかった。慰安婦問題に関しては日本ではタブーのようになってしまい、発言が難しい雰囲気の中、『主戦場』は日系米国人という日本や韓国から一歩離れた立場の監督だからこそ、タブーに挑めたように思う。

映画はデザキ監督自ら英語でナレーションを務めた。慰安婦問題に関しては日本の監督が作っても韓国の監督が作っても、先入観を持って見てしまう傾向があるが、英語のナレーションが、第三者的な視線のように感じられた。

『主戦場』は映画そのものも話題になったが、前記のように映画の外でも論戦となった。一部の出演者が、「大学院生だったデザキ監督の研究に協力したが、映画として公開されると知っていたらインタビューは受けなかった」と主張し始め、デザキ監督もすぐにそれに反論する動画をアップした。動画では、監督は「映画が卒業プロジェクトだと説明したのは事実だが、完成した映画の出来がよければ映画祭への出品や一般公開も考えていると伝えていた」と述べた。さらに出演者たちは出演承諾書（合意書）にサインしており、公開に関する規定もあったという。私もインタビューはたくさんしてきたが、合意書のようなものを交わした経験はなく、米国式なのかなとも思った。

公開は不本意だったと主張するのは「右派」と呼ばれる人たちだ。確かに、映画は客観的に様々な主張を見せているようで、見終わると右派の主張は根拠に欠けると感じた。例えば、杉田水脈衆院議員は「日本人はほとんどこんな問題は嘘だろうと。信じている人はもういないと思うんですよね。こんなことないよね。強制連行なんかやりっこないよね」と話していた。根拠のない発言を堂々とする国会議員の姿に、不快を通り越して笑ってしまった。

ただ、監督は右派を批判するためにこの映画を作ったわけではない。「日本人と韓国人が慰安婦問題について和解する日が必ず来ると信じている。そのためにまずすべきことは、互いの意見をよく聞き、理解すること」と話していた。慰安婦問題に関しては感情的になりがちな一方、無関心な日本人も少なくない。『主戦場』でも、慰安婦問題についてよく知らないと答える日本の若者が登場した。日韓で対話すら難しい状況が続いていたところへ、この映画が一石を投じた。

デザキ監督が慰安婦問題に関心を持ったきっかけは、「植村バッシング」だったという。朝日新聞記者だった植村隆さんが、慰安婦問題に関してバッシングを受けた件だ。

私は朝日新聞在籍時は植村さんと面識がなかったが、退社後、韓国へ留学してから何度か会う機会があった。ソウルで植村さんの講演を聞いた時には、植村さん宛てに送られてきた大量の手紙の写真を見た。「売国奴」「日本から出て行け」といった言葉があふれていた。私自身、韓国で慰安婦関連の映画が公開されるという記事を日本向けに書いた時、ツイッター（現X）で「国民の敵」などと非難を浴びたことがあったが、植村さんへのバッシングは比較にならない規模だった。一方で、植村さんを応援する人も日韓でたくさんいる。

二〇一八年一二月には、日本大学芸術学部映画学科の映画祭「朝鮮半島と私たち」で、朴壽南《パクスナム》監督のドキュメンタリー映画『沈黙―立ち上がる慰安婦』(二〇一七)を見た。上映後のトークには朴監督本人が出席する予定だったが、代わりに娘の麻衣さんが出席した。麻衣さんによれば、この映画祭ではない別の場で、『沈黙』上映にあたって右翼団体の上映妨害を受け、監督は心身共に疲れて出席できないとのことだった。この件に関しては、横浜地裁が上映の妨害禁止を命じる仮処分決定を出した。全国の弁護士ら一四〇人以上が代理人となって申し立てた結果だった。監督や映画を守ろうと立ち上がる人も少なくない。

『主戦場』のデザキ監督が期待する日韓の和解はいつ実現するのか分からないが、まずは慰安婦問題をタブーにせずに多様な意見を聞きたいと思う。

韓国で二人目の女性監督

二〇二二年の全州《チョンジュ》国際映画祭で、韓国で二人目の女性監督、ホン・ウノン監督の『女判事』（一九六二）という映画を見た。近年、韓国では女性監督の作品が目立って増えているが、最初の女性監督はパク・ナモク監督で『未亡人』（一九五五）という映画一本を撮り、続くホン・ウノン監督は『女判事』を含む三本を撮った。

なぜ、そんな昔の作品が全州映画祭で見られたのかと言えば、この年の五月に韓国で劇場公開されたシン・スウォン監督の『オマージュ』の中に『女判事』が登場したことによる。「オマージュ：シン・スウォン、そして韓国女性監督」という全州映画祭の特別展での上映だった。

私はシン監督とは長編デビュー作『虹』（二〇一〇）の頃からの付き合いで、『オマージュ』についても個人的に話を聞いていたが、「中年女性が主人公の映画では投資を受けるのは難しく、公的な助成金をもらって作った」と話していた。主人公ジワンを演じるのは、名優イ・ジョンウンだ。『パラサイト』で家政婦役を演じて以来、映画でもドラマでも引っ張りだこだが、長編映画の主演は『オマージュ』が初めて。イ・ジョンウンほどの人気俳優でも、投資を受けるのは難しいのか、と思った。

ジワンは現代の女性監督で、『女判事』の修復作業に携わる。数年前までホン・ウノン監督も『女判事』もほとんど知られていなかった。その理由について、シン監督は「パク・ナモク監督は〈最初の女性監督〉で、しかも『未亡人』のフィルムが残っていたから比較的よく知られていたけれど、ホン監督は〈二人目の女性監督〉で、近年までフィルムが三本とも見つかっていなかったから」と話す。

『女判事』は数年前にフィルムが見つかり、修復作業を経てやっと日の目を見るようになった。見ると、なぜシン監督が『オマージュ』を作ったのか分かる気がした。『女判事』の主人公は、実在した韓国初の女性判事がモデルで、この女性判事をめぐる実際の事件をモチーフに作られた。仕事で忙しい主人公ジンスクのことを、同居する夫や夫の家族は「家庭を疎かにしている」と不満に思っている。行き詰まったジンスクは判事を辞めることにするが、夫の祖母が毒殺される事件が起こり、容疑者とされた姑の無罪を証明するため弁護士に転身して闘うという内容だ。

ジンスクも、ホン監督も、シン監督も、それぞれ家事や出産・育児と仕事の両立に葛藤する女性たちだ。特にホン監督の時代の映画界は圧倒的に男性中心で、共に働いた女性の編集技師は「女が編集室に入るなんて縁起が悪い」と、塩をまかれたこともあると話していた。

『オマージュ』では、『女判事』は途中から音声がなく、ジワンが担当したのはセリフを探して改めて録音するという作業だったが、実際には『女判事』は音声はあるもののフィルムが一部見つかっていない。見ていてつながりが変だなと思う部分がいくつかあり、それはシン監督いわく「おそらく検閲によるもの」。当時は検閲が厳しく、乱暴にフィルムを切られることがよくあったという。

特別展で上映されたのは四本で、『オマージュ』『女判事』のほか、『虹』と『女子万歳』だったが、『虹』は『オマージュ』とセットのような作品だ。いずれも女性監督ジワンが主人公で、シン監督自身が反映されたキャラクターだ。『虹』は教師を辞めて映画監督を目指すがなかなかデビューできないでいるジワン、『オマージュ』は三本の長編を撮ったが、興行的に厳しい結果に直面しながら『女判事』の修復に携わるジワンだ。『女子万歳』はシン監督が撮ったドキュメンタリーで、二〇一一年にMBCで放送されている。パク・ナモク監督やホン・ウノン監督の足跡を追った内容で、この時から『オマージュ』の構想はあったという。その後『女判事』のフィルムが見つかり、『オマージュ』

の中にも『女判事』の場面が入った。

シン監督は海外での受賞など評価は高いが、興行成績はなかなか厳しく、疲弊していた時に『オマージュ』の脚本を書き始めたらスラスラ書けたという。シン監督自身が、『オマージュ』を作りながら癒されたようだ。今とは比べものにならないほど厳しい環境で奮闘した女性たちに勇気をもらえる、そんな映画だった。

『東京裁判』を通して、戦争責任について考える

「日本では敗戦と言わず、終戦と言うんでしょう？」と韓国で何度か聞かれたことがある。そういえば八月一五日を「終戦記念日」と言い、敗戦という言葉はあまり使わない。韓国では八月一五日は「光復節」、日本の植民地支配から解放された記念の日だ。

日本では八月一五日前後に戦争に関連する報道が増えるが、その多くは原爆被害にまつわる報道だ。一方、韓国では植民地支配や慰安婦、徴用工などの問題が報じられる。韓国で過ごすと、日韓の報道のギャップを感じることは少なくない。

ほぼ毎年通っている映画祭の一つに堤川《チェチョン》国際音楽映画祭がある。忠清北道《チュンチョンブクド》堤川で開かれる映画祭で、二〇一九年八月も参加した。開幕前、びっくりするようなニュースがあった。堤川市議会に映画祭での日本映画上映に反対する意見が提出されたのだ。元徴用工問題から日本政府が輸出規制をかけ、韓国で日本製品不買運動が広まっていた時期だ。

通常、国際映画祭では国家間の政治的な葛藤を理由に特定の国の作品を上映しないという

のはあり得ない。幸い、上映反対の意見は認められず、予定通り七本の日本映画が無事上映された。

このうち佐々部清監督の『この道』(二〇一九)を見た。詩人北原白秋と作曲家山田耕筰を描いた映画で、二人は一九二三年に起きた関東大震災をきっかけに傷ついた子どもたちのために童謡を作り始める。ところが日本が徐々に戦争へ進む中で、若者を戦場へ向かわせるような軍歌を作ることになり、苦悩する。このような反戦映画が日本映画というだけの理由で上映できなければ、おかしな話だ。

文化人たちが自分の意思に反して戦争に巻き込まれた歴史は、映画祭のような場で国を超えて一緒に考えるのに適した題材だ。上映後、観客との対話には日本のプロデューサーが参加し、「日本の右傾化について、日本の一般市民も危機感を感じているのか?」という観客からの質問にこんなふうに答えた。

「もちろん危機感を感じています。日本人は原爆被害の歴史を忘れてはなりません」

だから平和憲法は守らなければいけない、という話だったのだが、私は韓国の観客を前に「戦争=原爆被害」のように語ったことが気になった。

とはいえ、私だって韓国に住むまでは日本の戦争責任について深く考えることはあまりなかった。日本にいたら、そういう機会が多くないのも事実だ。日本の戦争責任や植民地支配について学校で詳しく学ぶ韓国との違いは大きい。日韓の葛藤が続くのは、このような歴史認識のギャップによるところが大きいと思う。

この年、日本に一時帰国した際にドキュメンタリー映画『東京裁判』を見た。東京裁判の正式名称は、極東国際軍事裁判だ。一九四六年五月から二年半にわたって日本人の被告二八人の戦争責任が問われた。太平洋戦争の終着点であり、戦後日本の出発点でもあったが、恥ずかしながら、私は東京裁判についてほとんど知らなかった。知っていたのは、昭和天皇が被告に含まれなかったこと、一九四一年の真珠湾攻撃の時の総理大臣、東条英機が絞首刑となったことぐらいだ。

『東京裁判』は一九八三年に公開された映画だが、映像と音声が鮮明になったデジタルリマスター版として二〇一九年に再公開された。二七七分（四時間三七分）という長い映画だが、見終わると、これ以上短くはできないと感じた。米軍が撮った実際の裁判映像は一七〇時間に及ぶ膨大な記録で、それに他の映像も加えつつ編集したのだ。小林正樹監督は戦争を直接経験した人で、『人間の條件』（一九五九、原作：五味川純平）など戦争を扱った劇映画も作っている。『東京裁判』も当初はA級戦犯を主人公にした劇映画を企画していたが、ドキュメンタリー映画として作ることになった。だからだろうか、ドキュメンタリーなのに劇映画を見ているようだった。

特に被告が全員無罪を主張する場面が印象的だった。東条が無罪を主張したのを見せて、あとの被告も全員無罪を主張した、とナレーションで表現してもよさそうなところ、被告一人一人の口から「無罪」という言葉が出るのをすべて見せたのだ。もちろん弁護人が無罪を主張するように勧めたと思うが、映画を最後まで見ても戦争責任に関して反省するような態度は見られなかった。

最終的に判決まで残ったすべての被告が有罪となり（一人は精神障害が認められ訴追免除、二人は判決前に死去）、七人が絞首刑となった。

ところで、映画を見て、東京裁判は戦争責任を問う裁判だったのか疑問が残った。むしろウェッブ裁判長とキーナン首席検事の争いに見えた。二人は昭和天皇の免責をめぐって対立した。キーナン首席検事は米国人だ。天皇制を維持することが日本の統治に有利だと考えた連合国最高司令官マッカーサーの命を受け、天皇の免責のために闘った。責任を追及する立場である検事が、だ。一方、オーストラリア人のウェッブ裁判長は天皇の戦争責任を問おうとした。

映画自体はおもしろく、没頭して見たが、戦争責任について知りたいという欲求は満たされなかった。責任の所在をあいまいにするのは、日本的なのかもしれない。映画で被告たちは検事や裁判官の質問にあいまいな答え方をする。日本の国会中継などで見るもどかしいやりとりに似ていた。

天皇制を維持することが統治に有利と判断したのは、当時の日本の国民感情を考慮したものだったろうと思う。政治的判断による免責は、結局、日本人が戦争の「加害」についてあまり考えなくなった原因の一つではなかろうか。

戦後四〇年近くたってできた『東京裁判』は、ベルリン国際映画祭国際批評家連盟賞を受賞するなど、公開当時話題になった。ところで、『東京裁判』を作ったのは映画会社でなく、出版社の講談社だ。出版社が映画を作るのは珍しい。一年ほどで作るつもりが、五年もかかったという。それだけ製作費も当初の計画よりも大幅に膨らんだ。講談社としては大きな負担だったと思うが、最後まで粘り強く作り上げたことに拍手を送りたい。

デジタルリマスター版が公開された初日に劇場を訪れると、その日は上映後に監督補佐と脚本を担当した小笠原清さんら関係者の対談があり、満席だった。ある観客は「この映画を安倍晋三首相（当時）も見てほしい」と言った。小笠原さんは「安倍首相だけでなく、国会議員はみんな見るべきだと思う。この映画も見ないで戦争について語ることはできない」と答えた。私もそう思う。すっきり理解できる映画ではないが、少なくとも日本の加害について向き合わざるを得ない四時間三七分だった。

釜山《プサン》国際映画祭常連の是枝裕和監督

是枝裕和監督の映画『ベイビー・ブローカー』(二〇二二)は、釜山から出発するロードムービーだ。助監督の藤本信介さんによれば、ソウルまでのルートはロケハンをしながら決めたが、出発地が釜山というのは最初から決まっていたという。是枝監督は釜山国際映画祭に十数回訪れており、釜山に対する愛着があるようだ。

私は二〇一六年に釜山映画祭の会場で是枝監督にインタビューする機会があり、釜山映画祭の魅力を尋ねると、「カンジャンケジャン(ワタリガニの醤油漬け)が食べたくて」と笑って答えた。もちろん他にもいくつかの理由を挙げたが、釜山を訪れるたびにカンジャンケジャンを食べるそうだ。

二〇一九年は『万引き家族』でカンヌ国際映画祭パルムドールを受賞した翌年だったのもあり、是枝監督の来韓は注目を集めた。釜山映画祭は一〇月で、この年の七月に日本政府が輸出規制を発表して以降、日韓関係が険悪な時期でもあった。

この年は是枝監督の当時最新作だった『真実』の上映と、「今年のアジア映画人賞」受賞が主なスケジュールだった。私もその二つに関して取材するつもりだったが、偶然、是枝監督が釜山日本人学校を訪問するということを知った。釜山日本人学校は日本人駐在員の子どもや日韓夫婦の子どもらが通い、当時、小学一年生から中学三年生まで全校で三三人だった。

学校訪問についてはメディアには公表せず、個人的なスケジュールだったが、私はたまたま知ったおかげで単独取材ができてしまった。是枝監督は授業を見学した後、生徒と保護者の前で講演した。監督の表情は映画祭などで記者たちに見せるものとは違い、完全にリラックスした優しい表情だった。根っからの子ども好きらしい。子どもの演出がうまいわけだ。

釜山映画祭については、こんなふうに話した。「今年で二四年目になる素敵な映画祭で、一番大好きな映画祭です。お友達もたくさんいるし、ご飯もおいしい。映画祭はご飯がおいしいのもすごく大事」

「映画監督になって良かったことは？」という生徒からの質問には、「僕は日本語しかできないし、今回は初めてフランスで撮ったけど、日本の中で映画を撮ることが多い。でもその撮った映画が、外国の映画館や映画祭で上映され、映画が僕を世界のいろんな場所に連れていってくれる。それがとても楽しいし、勉強になる。ここも映画を撮っていたから来られた」と答えた。子どもたちは次から次に手を挙げて質問し、監督の答えを目を輝かせて聞いていた。

釜山日本人学校はもともと規模が小さいので、日韓関係悪化で大きな影響はなかったようだが、ソウル日本人学校は生徒数が激減していた。多くの日本人駐在員が帰国したということだ。日本製品不買運動は、韓国で働く日本人にとって深刻な問題だった。

是枝監督は日韓関係に左右されないどころか、むしろ関係が悪いから来たようにも感じた。多忙なスケジュールを調整して、釜山の小さな日本人学校を訪れたのは、日韓関係が険悪な中で韓国で暮らす日本出身の子どもたちや保護者たちを励ます気持ちもあったようだ。

「釜山国際映画祭の父」キム・ドンホさん

ある日、私がコラムを連載している中央日報のエディターから、「キム・ドンホさんに連絡先を教えたから、電話がいくと思う」と連絡があった。キム・ドンホさんは釜山国際映画祭創設の中心人物で、長年にわたって釜山映画祭の執行委員長を務めた。「釜山国際映画祭の父」とも呼ばれ、世界的にも映画関係者にはよく知られている。私は二〇一三年の釜山映画祭でインタビューしたことがあったが、その後は見かけてもいつも周りを監督や俳優が取り囲んでいて、あいさつするのも難しいぐらいだった。

電話をいただいたのは、中央日報でキム・ドンホさんが回顧録を書くことになり、私が韓国映画に関するコラムをよく書いていることをエディターから聞いて、回顧録のミーティングに参加してほしいということだった。憧れのキム・ドンホさんに招待してもらうなんて、私にとっては夢のような話だった。

京畿道広州《クァンジュ》市のご自宅で、夕食を共にしながらお話をうかがった。ガラス越しに湖が広がるステキな建物で、映画人もたくさん訪れているようだ。

キム・ドンホさんが本格的に映画関連の仕事を始めたのは、一九八八年、映画振興公社（現・映画振興委員会）の社長に就任してからだった。「もともと映画に興味があったんですか？」と尋ねると、「なかった。ほとんど映画を見ていなかった（笑）」という意外な答え。それまで長らく文化公報部という政府機関に在籍し、一貫して文化関連の仕事には携わってきた。自宅の書架には映画だけでなく美術や建築など様々な文化関連の本が、それも世界各国の本が並んでいた。

キム・ドンホさんの話を聞いて驚くことはたくさんあったが、一つはフットワークの軽さ。とにかく国内外のたくさんの映画祭に行き、たくさんの映画人に会っている。映画に疎かったからこそ、足で稼いだのかもしれない。日本で出版されている著書『世界のレッドカーペット「釜山映画祭の父」が見た40の映画祭』（ヨシモトブックス）で読んでいたので、旺盛な映画祭巡りについては知っていたが、冠婚葬祭も大切にし、結婚式やお葬式だけでなく、入院のお見舞いにも海外に飛んで行ったという。一九八〇年代後半から韓国映画が海外の映画祭で次々に受賞し始めたのは偶然ではなさそうだ。もちろん作品や演技が良かったから受賞したのだが、キム・ドンホさんが築いた人的ネットワークも少なからず貢献したようだ。

日本では韓国映画の発展について「韓国は国が予算を出しているから」と言う人が多いが、私はそれよりもキム・ドンホさんのような、海外に韓国映画を紹介し、そして世界の映画を韓国で上映するために情熱的に動いた人たちの存在は非常に大きいと思う。キム・ドンホさんも「映画もドラマもK-POPも、国の予算でやっていたら、ここまで発展しない。民間の力」と言い切った。

もう一つは、記憶力。いつどこで誰と会って何をしたという話がメモも見ずにスラスラ出てくる。一九三七年生まれなので八〇代後半だが、若者でもこんなに詳細を記憶できる人はそうそういない。

話し方から釜山出身でないとは思っていたが、実は釜山で暮らしたことがあったという。朝鮮戦争当時、中学生から高校生にかけての時期、釜山に避難していたそうだ。「映画『国際市場で逢いましょう』(二〇一四)の主人公ドクスよりも苦しい生活だった」と言う。ソウル大学法学部出身のエリートのイメージが強かったが、若い頃は相当苦労したようだ。

キム・ドンホさんは釜山映画祭創設に携わり、一九九六年の第一回から執行委員長を務めた。アジア最大規模の映画祭に成長したが、二〇一四年から苦難の時代を迎える。セウォル号事故に関するドキュメンタリー映画『ダイビング・ベル　セウォル号の真実』

（二〇一四）をめぐり、釜山市が上映に反対したが、映画祭側はそれを受け入れず上映し、釜山市や国と、釜山映画祭との確執が始まる。キム・ドンホさんは初回から一貫して映画祭が政治的に中立を守れるよう力を注ぎ、映画祭を中断することなく続けることに心を砕いた。

釜山映画祭を離れたキム・ドンホさんは、おそらく湖のほとりで静かに余生を過ごすつもりだったと思うが、またもや映画祭の創設に携わり、執行委員長として「現役」に戻った。二〇一九年に始まった江陵《カンヌン》国際映画祭だ。第一回には釜山映画祭常連の是枝裕和監督も参加した。

江陵は韓国の東海岸に位置し、美しい海とコーヒーで知られる街だ。私も一度はこの映画祭に参加したいと思っていたが、残念ながら、二〇二一年の第三回を最後に終わってしまった。

キム・ドンホさんとはその後半年に一回くらい自宅にお邪魔して食事を共にしている。国内外を飛び回って活躍を続けており、二〇二三年は九カ国訪問したと話していた。自ら監督として映画も撮っていて、にこにこと楽しそうに近況を語る姿にいつも元気をもらっている。

『キューポラのある街』に触発されて

二〇一八年一二月、渋谷の映画館ユーロスペースで「朝鮮半島と私たち」というテーマの映画祭が開かれた。日本大学芸術学部映画学科の学生たちによる企画だ。週末に行ってみると、どの回もほぼ満席だった。この年、南北首脳会談が行われ一気に融和ムードとなり、日本でも朝鮮半島への関心が高まった。

上映作の多くは在日コリアンにまつわる作品だった。東国大学日本学研究所で在日コリアン関連の映画を研究していた私としては、とてもありがたいイベントだった。

特に浦山桐郎監督の『キューポラのある街』に感動した。一九六二年の作品で、DVDで見たことはあったが、スクリーンで見たのは初めてだ。主人公は中学生のジュン（吉永小百合）だが、映画の中に在日コリアンが重要な役で登場する。ジュンが精神的に成長するのに大きな影響を与えたのが、ジュンの友達で、在日コリアンの女の子だった。そしてそのきっかけとなる出来事が「帰国事業」だった。

一九五九年から一九八四年にかけて約九万三千人が日本から北朝鮮へ渡った。その多くは在日コリアンだが、一部日本人もいた。在日コリアンの大半は朝鮮半島の南側の出身だが、南北分断前に日本へ渡ってきたという経緯もあり、韓国も北朝鮮も祖国と考える人も少なくない。

当時は在日コリアンに対する差別が深刻で、食べていくのも大変だった。そのため、出身地ではない北朝鮮行きを選択する人もいた。『キューポラのある街』が作られたのは帰国事業が始まって間もない時期で、映画の中では「帰国」が喜ぶべきことのように描かれていた。しかしながら、実際には日本よりも厳しい生活が待っていた。

私の知人で、学生時代の親友が北朝鮮に渡り、しばらくして連絡が途絶えたという人がいる。親友は日本を発つ前、北朝鮮から送る手紙に「マリリン・モンロー」と書けば「君も来い」という意味で、「ガガーリン」と書いたら「君は来るな」という意味だという約束をしたという。手紙が検閲されることを予想していたのだ。受け取った手紙には「ガガーリン」と書かれていた。それから半世紀が過ぎたが、今も親友のことを思うと胸が痛むと言う。

私は以前『キューポラのある街』を見た時は帰国を祝う場面が無責任に感じ、あまり好きになれなかった。ところが、スクリーンで見たからか主人公たちの表情がはっきり見て取れ、その印象が変わった。

在日コリアンの友達、ヨシエが初めてジュンに北朝鮮へ渡ることを打ち明けた時、ジュンは明るい表情で祝う。一方のヨシエは複雑な表情を浮かべる。ヨシエの母は日本人で、父とは別居中だ。北朝鮮へ渡るということは、母との別れを意味している。ジュンはそんなヨシエの事情よりも、自分の父が働かないことで経済的に苦しい状況で頭がいっぱいだ。

ところが、ヨシエが北朝鮮へと出発する日、ジュンはある場面を目撃して衝撃を受ける。こっそり見送りに来た母に、弟に見つかる前に帰るようヨシエが泣きながら訴える姿だった。なんとか北朝鮮への移住を受け入れた弟が、母の姿を見たら決心が揺らいでしまうからだ。

これを見たジュンはヨシエが自分とは次元の違う悩みを抱えていたことを知る。それなのにヨシエは別れ際にジュンのことを心配する、成熟した友達だった。自暴自棄になっていたジュンは、この日を境に見違えるようにたくましく生き始める。私はジュンの成長に感動した。他人の痛みを思い遣る心が人を成長させるというのが、監督のメッセージだったように思う。

日本人として在日コリアンについて考えるということは、植民地支配という歴史を考えることでもある。そんなことはなかったかのように知らないふりをする人も少なくないが、過去を避けては人は本当の意味で成長できないのではなかろうか。人生の意味が成長にあると考える私にとって、とても大切な映画になった。

「朝鮮半島と私たち」というテーマを考えた学生もまた、『キューポラのある街』がきっかけだったそうで、「帰国事業どころか、在日コリアンについてもほとんど知らなかったので、その歴史に衝撃を受けた」と話していた。おそらく、映画の中でジュンが衝撃を受けた表情から、いろいろ考えさせられたのだろう。

さらにその学生は二〇一八年、文在寅《ムンジェイン》大統領と金正恩《キムジョンウン》総書記が手をつないで軍事境界線を越えた様子を見て、『朝鮮半島と私たち』というテーマは、未来を生きる私たちが深く考えるべき問題だと思った」と話した。南北関係が、朝鮮半島について何も知らなかった学生に大きな影響を与えたようだ。

映画祭の醍醐味の一つは上映後のトークだ。『キューポラのある街』の浦山桐郎監督はすでに亡くなっており、直接話を聞くことは不可能だったが、大島渚監督の『絞死刑』（一九六八）に出演した足立正生さんがゲストとして登場し、帰国事業について語った。

足立さんは筑豊炭田のあった北九州市出身で、周りに在日コリアンが多かった。「学校で運動ができたり成績がいい生徒の半分くらいは在日コリアンだった。そういう生徒たちが中学生になって、一人、二人といなくなった」と振り返る。北朝鮮に渡ったのだ。「当時北朝鮮は新たな国家を作っていると聞いた。優秀な生徒たちが渡っていくから、どんなに素晴らしい国ができるのだろうと期待し、私も北朝鮮に行こうとしたが、日本人なのがばれて行けなかった」と語った。

在日コリアンに関する問題はまだ終わったわけではない。特に在日コリアンの子どもたちが通う朝鮮学校に関する差別は露骨だ。朝鮮学校が高校無償化の対象から除外された問題では長らく裁判闘争が続いた。外交問題を理由に対象から外したのは違法として、朝鮮学校の運営法人や卒業生たちが除外取り消しを求めていたが、五件の訴訟すべて除外は「適法」との判決が確定した。

私は裁判闘争が続いていた二〇一八年四月、朝鮮学校にも無償化の適用を求める大学生に東京で会った。学生たちは毎週金曜日、文部科学省前に集まっていた。大学生三〇人余りと保護者や支援者二〇人ほどが一人ずつマイクを握り、「文部科学省はすべての子どもたちに学ぶ権利を保障せよ」「朝鮮学校差別反対」などと訴えていた。女子学生の一人に話を聞いてみると、「周りの在日の友達の中でも経済的な理由で朝鮮学校に通いたくても通えず、公立学校に通うケースが多い。後輩たちのためにも勝つまで運動を続けたい」と話していた。

近年は韓国でも朝鮮学校を支援する動きがある。『ウリハッキョ（私たちの学校）』（二〇〇七）や『60万回のトライ』（二〇一四）のような韓国の監督が撮った朝鮮学校関連のドキュメンタリー映画の影響もあるようだ。その女子学生は「韓国では在日についてよく知らない人が多いと聞いたけれど、映画を通してでも在日について関心を持ってもらえるとうれしい」と話していた。

東国大学日本学研究所では在日コリアンに関する資料室を作り、関連の映画を集めている。ユーロスペースの映画祭に行った後、研究員たちと話し合い、研究所でも在日コリアンに関する映画の上映を積極的にやっていこうという話になった。映画を通し、より多くの人と共有したいと思う。

映画に導かれて

朝鮮人強制連行などを取材し、記録してきた作家の林えいだいさんが二〇一七年九月、他界した。映画『軍艦島』をきっかけに林さんの著書『写真記録　筑豊・軍艦島　朝鮮人強制連行、その後』を読み始め、その緻密で膨大な資料に圧倒されている間に訃報に接した。

亡くなる直前の八月下旬には、林さんを追ったドキュメンタリー映画『抗い　記録作家林えいだい』が、韓国のＥＢＳ国際ドキュメンタリー映画祭で上映された。西嶋真司監督は、観客の質疑応答で日本政府が過去の過ちを隠そうとする態度について指摘しながら、「何が起こったのかを韓国と日本で共有することで両国の関係も良くなりうる」と語った。その共有すべき記録を林さんが遺してくれた。

林さんが記録活動に尽力したのは、父親の影響だったという。神主だった林さんの父は、戦時中に炭鉱から逃げて来た朝鮮人をかくまったことが原因で特高警察に捕まり、拷問を受けた後、亡くなった。林さんは「当時の父は国賊であり非国民であるかもしれないが、人間としては立派なことをしたと誇りに思っている」と書いている。少年時代に目の当たりにした理不尽な出来事がきっかけとなり、生涯、日本の加害責任を追究した。

映画の中で印象的だったのは、がんを患い、ペンを握る力もないのに、手にペンをテープで固定させて執筆する姿だった。映画祭では朝日新聞の先輩記者が隣の席で見ていたが、「こんな姿を見せられると、今日はちょっと疲れたから明日書こう、なんて言えないな」と感嘆していた。林さんのように生きるのは難しくても、私も私の立場でできることはしなければと思わせる映画だった。

私の立場で、というのは、映画を通して韓国と日本をつなぐ役割だ。韓国へ映画を学びに来たのも、そのためだ。

母の両親が大阪で映画館を営んでいた。私が幼い時に映画館はマンションに変わっていたが、「映画館の娘」だった母とよく映画を見た。二〇〇二年に韓国へ語学留学したのをきっかけに韓国映画にはまっていったが、ただ見るのが好きなだけで、映画関連の仕事というのは考えてもみなかった。

二〇〇八年に朝日新聞に入社し、初任地奈良での最初の二年間は事件担当記者として映画を見るどころか寝る間もないほど忙しかった。そして二〇一〇年、文化担当記者になった年、「なら国際映画祭」が初めて開催された。なんとしても参加したくて、取材を兼ねて通訳ボランティアを務めた。

上映作品の中にシン・スウォン監督の長編デビュー作『虹』があり、私はシン監督の通訳を担当した。『虹』は、学校の先生を辞めて映画界に飛び込んだ女性が、シナリオがなかなか書けずに苦労する話で、シン監督自身の話でもあった。この作品がおもしろかったのもあり、通訳をしながらシン監督と個人的にもいろんな話を交わしながら、「ああ、私、韓国映画が好きだったな」というのを久々に思い出した。関西空港まで見送り、最後にシン監督に「彩もいつか映画関連の仕事をすると思う。結局はやりたいことをやるのよ」と言われたのが人生の転機となった。

朝日新聞を退社し、韓国映画を学ぼうとソウルの東国大学へ留学した二〇一七年、釜山国際映画祭にスタッフとして参加することになった。映画祭開催前の記者会見で、シン監督の『ガラスの庭園』が開幕作だと発表され、びっくりした。奈良で会った時にはほぼ無名だったシン監督は、その後ベルリン国際映画祭やカンヌ国際映画祭に招待され、海外でも注目される監督になっていた。韓国で初めてスタッフとして携わる映画祭の開幕作が、日本で初めてスタッフとして携わった映画祭で担当した監督の作品。感慨深い瞬間だった。

ちなみに、『抗い』がEBS映画祭で上映された時、観客として来ていた元朝日新聞記者の植村隆さんに初めて会い、それがきっかけで植村さんが中心となって開く日韓の学生交流の行事に携わるようになった。そして『抗い』の西嶋監督は慰安婦報道に関して「捏造記者」という汚名を着せられた植村さんを描いたドキュメンタリー映画『標的』を二〇二一年の釜山映画祭に出品している。

韓国のある人から「縁とはつまり奇跡だ」と言われた。奇跡のような縁に感謝しながら、映画を通して韓国と日本をつなぐ役割を地道に続けていきたいと思う。

二　韓国に暮らして

触れてこそ理解できる異文化

韓国で何度か引っ越しを経験し、韓国と日本の文化の違いを改めて実感した。

一つは、韓国ではまだ人が住んでいる家に上がって、家の中の隅々まで見せてくれることだ。日本でも何度も引っ越しを経験したが、住んでいる人がいる家に入ったことは一度もない。住人がいる場合は、写真や見取り図だけで決めることになる。私が賃貸物件ばかり住んでいたからかもしれない、と思って周りに聞いてみたら、日本でも売買の時には住んでいる状態で見せることがあるという。事前に日時を決め、見られてもいい状態にしたうえで入ってもらうそうだ。

韓国で私が驚いたのは、不動産業者が住んでいる人に「入って見てもいいか」という電話を訪問直前にするということだ。家にいれば大抵はOKで、入れてくれる。すると、ご飯を食べている最中だったり、パジャマのような恰好のこともある。日本では家族以外には見せられない状況だが、あまり気にしていない様子だ。

逆が困る。私が引っ越すことを告げると、随時不動産業者から電話がかかってきて、中を見ていいかと聞かれる。洗濯物を干していたり、顔も洗ってなかったり、見せたくない状態の時も多い。もちろん「今は困る」と言うことはできるが、次の入居者が決まるまで続くので、嫌な気持ちは我慢して入ってもらう。このストレスを韓国の友人に打ち明けると、「誰も気にしてない」と言われた。共感してくれるのは韓国在住日本人だ。

ほかにも、韓国と日本ではプライバシーに関する意識がかなり違うと感じることがある。例えば携帯電話の番号だ。日本では携帯番号は他人に簡単には教えない個人情報の一つだ。名刺に携帯番号がない人も多い。会社の固定電話やメールアドレスでやりとりするのが普通だ。会社よりも外にいる時間が多い新聞記者の場合は携帯番号を名刺に書くが、それも会社貸与の携帯だ。

ところが韓国では、映画監督や俳優が気軽に個人の携帯番号を教えてくれることも少なくない。こちらから聞かなくても、だ。日本の新聞社で文化部記者をしていた時にも監督や俳優に会う機会は多かったが、マネージャーや広報担当者の番号は聞いても、本人の番号を聞くのは失礼だと思い、よっぽど何度も会ったり親しい間柄にならない限りは聞かなかった。訃報など急に連絡を取る必要がある時に携帯番号が分からず困ったことは少なくない。韓国ではそんな時、知っていそうな人に連絡すれば本人に断ることなくあっさり教えてくれることが多い。

携帯番号は特に隠すべきものではないらしい。韓国で車の前をよく見ると、多くの車がフロントガラス越しに携帯番号を見えるように書いたものを置いているのに気付く。日本の人は「何のため？」と首をかしげるだろう。韓国では駐車スペースが確保されていないことが多く、道端に止めるのが日常茶飯事だ。「どうやって出るの？」と目を疑うような縦列駐車を見かけることもしばしば。出られない時には、フロントガラス越しに示された携帯番号に電話をかけ、「車を動かしてください」と言う。主にそのためのものだ。

知らない人に自分の携帯番号を公開するなんて……。最初は信じられなかったが、私自身が車を買った時、周りから「携帯番号を車に残すのはマナー」と言われ、それ専用の携帯番号を表示する置物をプレゼントされた。実際、前後左右の車が出にくいような場所に止めざるを得ないことが多く、そんな時、電話がかかってくれれば動かして止め直す。慣れればなかなか合理的だ。

長く住めば、すぐに親しくなって個人的なこともオープンにする韓国式が心地よく感じることもある。個人レベルでは日本人だからという理由で嫌な思いをすることもほぼない。むしろ関心を持って接してくれる人の方が多い。

日本で「韓国が嫌い」と言う人は、韓国に行ったことがない、韓国人の知り合いが一人もいない、という場合が多いようだ。日本で韓国に関する報道は政治や歴史問題に偏りがちで、否定的な内容が多く、韓国人は日本人が嫌いだと思い込んでいる人もいるぐらいだ。

夫と夫の両親が済州島《チェジュド》に旅行に来た時のこと。夫と夫の母は何度か韓国へ来たことがあったが、夫の父は初めての韓国だった。行く先々で日本から来たと言えばサービスしてもらえたり、より親切にしてもらえることが多く、「みんな優しいね」と驚いていた。想像していた韓国とは違ったようだ。初めて食べる韓国料理も口に合ったのか、毎回「おいしい」を連発しながら完食した。帰国の飛行機に乗る前から「また来たい」と言い出したほど。百聞は一見に如かず。直接経験するのが一番だ。

大学院の夏休みや冬休みは、私が日本へ帰れないほど、たくさん日本から友人、知人が韓国へ旅行に来た。それを横目に韓国の友人たちは「旅行社を作れば」と笑う。「お金にもならないのに、時間がもったいない」と。だけど私が韓国にいることで、友人知人が韓国に来るきっかけができて、直接韓国を経験してもらえるなら、それで十分だ。好きになるのも嫌いになるのも、まずは直接経験してみてほしいと思う。

分かち合う韓国の食文化

よく韓国のどういうところが好きなのかと聞かれる。いろいろある中で、一つは「分かち合う食文化」だ。たくさんの人が集まってキムチを一緒に漬けるキムジャンはその代表だ。漬けながらつまみ食いしたり、漬けたてのキムチ（コッチョリ）を蒸し豚と一緒に食べたり、というのが醍醐味。スーパーでキムチを手軽に買えるようになっても、キムジャンは冬の一大イベントだ。親戚や地域の人が集まってわいわい楽しそうなキムジャンの様子が毎年報じられる。

分かち合いはキムジャンに限らない。高速バスに乗っていて、隣に座ったおばさんがゆで卵とみかんをくれたことがある。特に会話を交わしていたわけでもなく、突然、それも当然のように差し出されたので驚いた。韓国の友達にそれを話したところ、「一人で食べる方がもっと変」と言う。

家族と離れて留学生活を送る私が一人で寂しくご飯を食べているのではと心配してくれ

る人も多い。家で作ったおかずを持ってきてくれたり、外食のたびに誘ってくれたり。そういう時は、お腹だけでなく心まで満たされた気持ちになる。日本でも仕事の関係で家族と離れて一人で暮らしていたが、私がちゃんと食べているかどうかを気にするのは母ぐらいだった。日本では家でも外でも一人で食べることに慣れていた。

食事を共にすれば、自然と会話が始まる。私が日本にいた時よりも韓国にいる方がよくしゃべるのは、一緒に食べる文化のおかげのようだ。

それを実感するような出来事があった。ソウルで開かれた学生フォーラムの時だ。日本と韓国のメディアで働きたい、あるいはすでに就職が内定している学生たちが集まって四泊五日、合宿をしながら取材し、記事を書いてみるという内容だった。私は学生たちが取材し、記事を書くのをサポートする役割で参加した。

日本から来た学生の中には中国人留学生もいて、図らずも日中韓三カ国の学生が集うことになった。最初は互いによそよそしかった学生たちは、四泊五日、一緒に過ごすうちに仲良くなっていった。最終日、自分たちで撮った写真の中から一枚を選び、その写真について発表する時間があった。その時、何人かの学生が似たような写真を選んだ。夜遅く、ホテルの一室にたくさんの学生が集まってお酒とおつまみを前に話し合っている写真だった。

日本の多くの学生は普段あまり政治や歴史について話さない。「韓国や中国の学生は日本の政治や歴史についても詳しいのに、自分たちはあまりにも知らない」と驚く学生もいた。

夜に学生同士で話し合った内容を尋ねてみると、その一つは「日本政府はどう謝罪すればいいのか」ということだった。元慰安婦のハルモニ（おばあさん）たちが共同生活を送る「ナヌムの家」を訪ねた時、ハルモニが「日本政府の心からの謝罪を求める」と話していたからだ。

「ナヌムの家」を訪ねる前日、日本の学生二人が私の部屋へやって来て、「どのように質問すればハルモニを傷つけないで話を聞きだせるか」を一緒に考えた。一方、ハルモニは高齢でその日の体調によっては会うのも難しいかもしれないと聞いていた。一生懸命準備している学生たちに「話を聞けない可能性もある」と前もって言っておいたが、予想に反してハルモニは「質問する前に私の話を聞きなさい」と言って、数十分にわたって自身の被害体験を語ってくれた。話に水を差してもいけないので、録音して後で訳すことにして、そのまま韓国語で聴いた。ところが、韓国語の分からない日本の学生が何人も泣き出した。表情や話しぶりから伝わってくるものがあったようだ。

その経験から、ハルモニのために自分たちができることは何だろうと考え始めたのだろう。日本の学生の多くが「日本では慰安婦について政治的な問題として報じられ、どこか他人事のように感じていた」と話していた。

韓国や中国の学生たちと寝食を共にし、討論するなかで、決して他人事ではないと感じたのだろう。分かち合う韓国の食文化が、学生たちの口と耳、そして心を開いてくれたのだと思う。

「スペック」重視への疑問

二〇一九年、曺国《チョグク》元法相の家族の不正疑惑が韓国で話題になっていた中、特に若い世代が失望と怒りを感じていたのは、「息子や娘の入試に関する不正」の部分だった。「機会の平等」「過程の公正さ」を強調してきた文在寅政権だっただけに、支持してきた若者たちは裏切られたと感じたようだ。

私はこの一連の問題を見ながら、二〇一八年一一月から二〇一九年二月にかけて放送され、社会現象となったドラマ『ＳＫＹキャッスル〜上流階級の妻たち〜』を思い出した。韓国での放送後、このドラマを日本でも知ってもらいたいと紹介する記事を書いたが、ある日本人から「韓国の熾烈な受験戦争の現実を知らなければ、このドラマはよく理解できないと思う」と言われた。韓国で『ＳＫＹキャッスル』が人気だったのは、韓国の現実を指摘している部分で共感が生まれたからであり、日本の現実とはかけ離れているため、共感度は低いだろうというのだ。

私自身は子どもがいないが、周りの日韓の知人から聞く話でも、韓国の子どもの教育にかける費用は日本と比べ物にならないほど高い。さらに『SKYキャッスル』を見て驚いたのは、お金の力で大学入試を突破しようとする人たちがいることだ。お金を使って学力を上げるのであれば、まだ分かる。貧しくても努力すれば学力をつけて合格する道が残されているからだ。

問題は、学力以外の部分だ。『SKYキャッスル』では、「入試コーディネーター」という存在が注目された。入試コーディネーターは、学力を上げるのみならず、ボランティア活動や生徒会長の選挙など、入試に有利になるあらゆる面で生徒をコーディネートする。主人公ソジン（ヨム・ジョンア）の長女イェソはソウル大学医学部を目指しており、イェソの入試コーディネーターは、イェソが生徒会長に当選するよう画策する。

ここで冷静に考えてみたいのは、生徒会長に当選することと、ソウル大学医学部に入ることと、どういう関連があるのかだろう。生徒会長当選が大学入試で評価されるとすれば、選挙によって他の生徒たちに支持されるような人物、例えば生活態度やリーダーシップなどが認められたということだろう。それは肯定的な評価にはつながるだろうが、医学を学ぶうえで特別必要な能力なのかは疑問だ。

ドラマの中でそうであったように、親の経済力によって生徒会長に当選させられるなら、それは大学側が親が金持ちの生徒を入学させているようなものだ。このような入試制度は不公平なだけでなく、結局は社会にとって不幸なことだ。なぜなら、患者のことよりも自身の出世に執着するような医師を生み出すことにつながるからだ。ドラマでは高校生たちの受験戦争を描きつつ、その親である医師たちの出世争いも描かれていた。

日本でも「スペック」という言葉を使わないわけではないが、韓国ほどよく使う言葉ではない。韓国では特に就職活動において、大学の成績や資格、語学力、インターン経験などをスペックと言い、多くの大学生がスペックのために必死で時間とお金を注ぐ。

スペックは入試や就職以外でも重視される。元ソウル特派員の朝日新聞の先輩は「韓国で講演の依頼を受ける時、必ずと言っていいほど主催側から大学院は出ていないのかと聞かれる。日本ではまず聞かれない」と話していた。元ソウル特派員の朝日新聞記者に講演を依頼する時、聞きたい話は、特派員としての、あるいは朝日新聞記者としての経験や考え、情報などであって、その記者が大学院を出たか出ていないかはあまり重要なこととは思えない。そう思って韓国の友人に話すと、「それでも聞く人の立場になれば、大学院ぐらい出ていた方が講演する人としてふさわしいと思う」と、言われた。

私はソウルの東国大学日本学研究所で在日コリアンに関する研究プロジェクトに参加していた。そのプロジェクトの一環で在日コリアンの当事者を講師として招請することがよくあった。ところが、講演が終わって講演料支給の手続きを進めるなかで、大学側から「講師はどこの大学、大学院の出身なのか」と聞かれ、それを調べて提出すると、「この学歴では支給は難しい」と言われたことがある。講師として招請するのは、在日の実業家だったり、俳優だったり、その職業は様々だ。研究者として招請しているわけではない。研究者は聞く側だ。こんな理不尽な出来事に遭遇するたび、韓国でスペックは本質を見失う「障害」にすらなっていると感じる。

小《ソ》確幸《ファッケン》を求めて

朝日新聞を辞めた理由は大小様々あるが、最も大きいのが「忙しすぎる」ことだった。日本でも韓国でも新聞記者は自分の担当分野で何か起きれば休みの日など関係ない。最近は労働環境が少しは改善されたと聞くが、私の現役の頃（二〇〇八〜二〇一七年）は、まともに寝られない、食べられない、そんな生活が続いた。

家族や友達に辞めたいと言い始めたのは、実際に退社する二年ほど前から。朝日新聞の愛読者である母は激しく反対した一人だった。その母が「辞めたかったら辞めなさい」と言うようになったのは、私の東京での暮らしぶりを目撃してからだ。

大阪から娘の様子を見に来た母は、休みの日に一緒に映画を見に行ったのに、会社からかかってくる電話を受けるのに何度も席を立ち、外食中にも締め切りの時間と言って原稿を直すためにノートパソコンを取り出して作業する娘を見て、ため息をついた。入社以来ずっとそうやって過ごしてきたが、わざわざ大阪から来てくれた母の前で申し訳なかった。

家で料理などほとんどせず、外で食べるかコンビニで買って済ませる日々。料理をする暇があれば一分でも長く寝たかった。飲み物以外ほとんど何もない冷蔵庫を見て絶句する母に「私も人間らしい生活がしたい」と、つい、こぼしてしまった。その言葉が母の頭から離れなくなったという。

韓国では、二〇一七年頃から「小確幸《ソファッケン》」という言葉をよく聞く。「小さくても確実な幸せ」という意味だ。村上春樹のエッセイが由来とされるが、日本ではあまり聞かない。家を買うとか、そういう大きいけども実現可能性の低い目標でなく、もっと日常的で実現可能な幸せを謳歌しようという最近の若者たちの傾向でもある。韓国では「癒し」を「ヒーリング」と言うが、いつからか本屋でもヒーリングに関する本が増えてきた。みんなお疲れなんだな、と思う。

映画『リトル・フォレスト　春夏秋冬』(二〇一八)は、ソウルでの生活に疲れ、故郷に戻った若者の物語だ。原作は日本の漫画(『リトル・フォレスト』五十嵐大介、講談社)だが、私の感覚では日本よりもよっぽど韓国の方が競争が激しく、都会での生活に疲れを感じる。映画の中で、採れたての野菜で作ったおいしそうな料理を友達と冗談を言い合いながら食べる様子は、とっても幸せそうに見えた。お金では買えない、愛おしい日常。「人間らしい生活がしたい」と言った私の言葉は、まさにそんな風に日常を大切にして生きたいということだった。

私が退社する一年前に稲垣えみ子さんが辞めた。なぜ辞めたのかについて書いた『魂の退社』（東洋経済新報社）は韓国でも翻訳出版され、テレビや新聞でも紹介されたので「朝日新聞を辞めた人」として有名だ。一方、日本では稲垣さんは朝日を辞める前から有名だった。アフロヘアーが目立つからだけでなく、何よりも東日本大震災をきっかけに節電生活を始めたことで注目を浴びた。地震の後、福島第一原発の爆発事故によって電力を節約しなければならない状況となり、電子レンジやテレビ、冷蔵庫などを使わない生活に切り替え、その体験をつづったコラムが話題になった。

ただ、稲垣さんの生活スタイルを変えた要因は、東日本大震災だけではなかった。それより以前、香川県で勤務した時に価値観が変わったという。長く都会で記者生活を送り、浪費生活に慣れていた稲垣さんだったが、香川では平均的にみんなあまりお金を使わない暮らしをしていることに気付いた。その理由を、稲垣さんは香川の人たちの消費基準が「うどん何杯」だからだと分析する。安いうどんをよく食べる香川の人たちは、例えば「遊園地の入場料何千円なら何十杯食べられる」と考えるというのだ。

お金の価値観も、幸せの基準も、絶対的なものはない。会社を辞めることや田舎で暮らすことを勧めているわけではない。会社に通いながらも、都会に暮らしながらも、日常を大切に生きることは可能だ。

二〇一八年、平昌《ピョンチャン》オリンピックの閉会式が終わる頃、テレビのキャスターが「明日からは皆さんのオリンピックのような日常を応援します」と言ったのにドキッとした。オリンピックみたいな日常なんてまっぴらだ。新聞社にいた頃はほとんどしなかった料理を、韓国に来てからはするようになった。冷蔵庫の中もぎっしりだ。「今日は何を作って食べようかな」と考えられる、いわゆる小確幸を味わっている。

#MeToo運動と『82年生まれ、キム・ジヨン』

二〇一八年、韓国で#MeToo運動が盛り上がっていた頃、「日本はどう?」とよく聞かれたが、韓国に比べると日本は静かだった。

日本で最も目立ったのは、フリージャーナリストの伊藤詩織さんのケースだろう。二〇一九年、伊藤さんが民事訴訟で勝訴したニュースは大きな反響を生んだ。伊藤さんが元TBS記者の山口敬之氏から性暴力を受けたとして損害賠償を求めた民事裁判で、東京地裁は山口氏に三三〇万円の賠償を命じる判決を下した。二〇二二年、最高裁は山口氏の上告を退け、山口氏が同意なく性行為に及んだと認定した二審の判決が確定した。同じ件で、刑事事件としては不起訴になっていた。

「日本ではなぜ#MeTooが広まらないのか」という疑問を持って、私自身、伊藤さんの事件の行方を見守っていた。伊藤さんが自身の被害について書いた『Black Box』(文藝春秋)も読んだ。その被害の内容と後遺症は、読んでいるだけでもつらかった。これだけ証拠のそろった事件ですら不起訴になるとすれば、被害を訴えても損だと考えるのも当然だ。「日本は本当に法治国家なのか？」と疑いたくなるぐらいだ。

特に理解し難いのは、刑事事件の捜査がこれから本格的に進みそうな局面で、急に止まってしまったことだ。その背景には、山口氏が安倍晋三首相（当時）と親しい関係、ということもあったのかもしれない。山口氏は安倍首相について書いた『総理』（幻冬舎）という著書もあり、「安倍政権が刑事処分に介入したのでは」という指摘もあった。

民事訴訟の判決が出るまで、日本の大手メディアはこの事件を積極的に取り上げなかった。韓国で#MeTooが広まるきっかけとなったソ・ジヒョン検事が上司のセクハラを暴露した時、メディアが一斉に報じ、世論がソ・ジヒョン検事を後押ししたのとは大違いだ。

私自身、朝日新聞にいた当時、性暴力に関する記事を書いたが掲載されず、納得がいかなかったことがある。実父から幼い時に性暴力を受けていたという女性が、その経験を本に書いて出版する時だった。私はその女性には以前に別の取材で会っていたこともあり、本の出版について連絡を受け、インタビューさせてもらった。

「性暴力を受けた」と断定的に書くことは、判決が出た事件でなければ難しい面があるのは分かる。ただ、「性暴力を受けた経験を本に書いた」という記事を書くのは可能なはずだ。それは、一定の調査結果が出る前に「ソ・ジヒョン検事がセクハラを受けた」と断定的に書くことはできなくても、「ソ・ジヒョン検事が自身が受けたセクハラについて暴露した」と書くことが可能なのと似ていると思う。デスクの許可を得たうえで出張してインタビューし、記事を書いたのに、同じデスクが「本当に父親が性暴力を振るったのか分からない」と言い出し、載せてもらえなかった。確認しようにも、その父親はすでに他界していた。

性的被害について話すことは、本人にとってとても勇気が要ることで、つらいことだと思う。インタビューの間も、そう感じた。以前の別件の取材の時とは明らかに違って、つらさを堪えて話している様子だった。そんなつらい思いを強いてまで聞いた話が、載らなかった。深く傷つけてしまったと思う。

伊藤さんも『Black Box』の中で書いていた。結局ニュースとして報道する価値があるかどうかを決めるのはメディアで、そこには様々な事情があるとは思うが、捜査機関に続いてメディアにも疎外された気分だった、と。

一方、二〇一八年、女性の生きづらさを描いた韓国の小説『82年生まれ、キム・ジヨン』（筑摩書房）が日本で翻訳出版されると、瞬く間にベストセラーとなり、大きな反響を呼んだ。さらに二〇二〇年には映画『82年生まれ、キム・ジヨン』が日本で公開され、注目を浴びた。

韓国の友人たちは「日本ではなんで#MeTooは広まらないのに『82年生まれ、キム・ジヨン』は売れるの？」と首をかしげる。性暴力やセクハラが少ないわけでもなく、男女の格差という点でも問題はあるが、日本ではそれについて声を上げる人は少ない。黙って我慢している人が多いのだろう。

実際、世界経済フォーラムが発表した二〇二四年の「ジェンダー・ギャップ指数」は、調査対象国一四六カ国のうち日本は一一八位、韓国は九四位だった。いずれも低いが、日本がより深刻だ。この指数は、経済、政治、教育、健康などの分野で男女の格差を調査したもので、日本は特に政治分野が低い。議員や閣僚級ポストに占める女性の比率が低いということだ。

私はキム・ジヨンと同じ一九八二年生まれだ。ただ、私自身は学校や家庭で男女の格差でジヨンほど理不尽な経験をした記憶はあまりない。「共感した」という日本の女性は、私よりも一〇歳ほど年齢が上の世代が多いようだ。

日本では私を含め、同世代の話を聞いても、学校や家庭よりも、社会に出てからの男女格差やセクハラに悩むケースが多いようだ。韓国では二〇一八年に#MeTooが広まって以来、セクハラは目に見えて減った。仕事関係の食事の席で不快な発言をする人は減ったし、もしあったとしても、「それ、#MeTooにひっかかりますよ」と冗談めかしてでも指摘する人が出てきた。

ただ、私は映画『82年生まれ、キム・ジヨン』を見た時に、家庭での男女差は日本と韓国で少し違うように感じた。特に夫の実家との関係だ。ジヨンは女性として経験してきた様々なストレスに耐え切れず、他人に憑依《ひょうい》する症状が出始める。映画の中で印象的だったのは、旧正月、夫の実家での出来事だった。朝早くから旧正月のお供えや食事の準備をして疲れきった様子のジヨン。夫の家族が座って団欒《だんらん》しているなか、一人台所に立っている。様子を見てそろそろジヨンの実家へ移動しようとしたところ、さらに夫の姉一家がやってきてタイミングを逃してしまう。この時、ジヨンは自身の母のしゃべり方で、自分の娘が来たなら、ジヨンも実家に行かせてやれと言う。憑依の症状が出た瞬間だった。

実際、韓国人男性と結婚した日本人の友達の多くが、秋夕《チュソク》（旧暦八月一五日。親族が集まり祖先の墓参りなどをする）や旧正月のお供えや食事の準備が大変だと嘆く。体力的にも精神的にも負担が大きいようで、自宅に戻ると一週間くらい寝込む人もいる。

映画の中で、ジヨンが最もつらそうに見えるのは、姑との電話の場面だった。夫が育児休暇を取って、ジヨンが働けるようになったことを話すと、姑は息子が働けずにジヨンが働くなんてあり得ないと怒り出す。子どもを妊娠し、産むのは女性にしかできないが、育児は男性でもできる。ジヨンが出産と育児で仕事を辞めざるを得なかった分、今度は夫が休んで子育てをしたっていいじゃない、と言いたいが、それが日本でも韓国でもまだ当然のことになっていないのは事実だ。ただ、ここで韓国と日本の違いを感じるのは、日本では夫婦が決めたことについて、親の意見は参考にはしても、決定権は基本的に本人たちにあると思うが、ジヨンの反応を見ると、姑がダメだと言ったら従わざるを得ない雰囲気だということだ。

もちろん日本でも韓国でも家庭によって差があるとは思うが、全般的に韓国の方が夫の実家との関係が深いように思う。それだけ関心を持ってもらっているということでもある。ちゃんとご飯は食べているのか、互いに思い合う温かい関係でもあるだろう。

「韓国と日本の女性の地位はどっちが高いと思う？」と聞かれると、簡単には答えられないのはそういうことだ。家庭での女性の立場を考えると、日本の方がフェアな感じもするが、社会的に女性が発言しやすい環境なのは韓国だと思う。日本でも少しずつ声を上げる人が出てきているのは、『82年生まれ、キム・ジヨン』や韓国で広まった#MeToo、そして伊藤さんの民事勝訴が、勇気を出すきっかけになっているのかもしれない。

「外見至上主義」の国

韓国には四柱推命（生まれた年、月、日、時刻から生まれ持った運勢を占うもの）を見てもらえるカフェ「四柱《サジュ》カフェ」というのがある。特に悩みがあったわけではないが、友達と遊び半分で弘大《ホンデ》の四柱カフェに行った時のこと。私を見るなり、四柱推命を見てくれる先生が言った。

「なんで顔にいっぱいほくろを付けてるの？」

びっくりした。ほくろが多いのは事実だが、付けた覚えはない。ほくろは除去するのが当たり前という韓国で、顔にいっぱいほくろがあると、「あえて付けてる」ぐらいに感じられるのかもしれない。

韓国で暮らしていると、外見について周りに指摘されることが少なくない。「顔が疲れてるね」「ちょっと太った？」などは日常会話。気にかけてくれているという親近感も感じる一方、日本では家族やかなり親しい友達でなければあまり外見について言われることがないので、少し傷ついたりもする。

私が韓国で最も多く外見について指摘されるのが、「ほくろが多い」ことだ。顔にほくろが多いことは物心ついた頃から自覚していたが、小中学生の頃に友達にちょっとからかわれたぐらいで、大人になって誰かに何か言われたことはなかった。韓国へ来るまでは。

韓国では友人、知人はもちろん、見知らぬ赤の他人にまで言われる。ある時、地下鉄に乗っていたら、前に立っていたおじさんが急に「ここと ここのほくろは取った方がいい」と言ってきて、びっくりしたというよりも恥ずかしかった。いかにも親切心からアドバイスしてくれているという感じだったが、当の本人は公共の場でさらし者になった気分だった。

あまりにもたびたび「ほくろを取った方がいい」と言われ続けると、暗示にかかったように「取った方がいいのかな」とも思うし、何より、言われるのが面倒なので取ってしまおう、という気にもなる。ちょうど仁川で医療観光の体験ツアーに参加する機会があり、何がしたいか聞かれた時、真っ先に「ほくろを取りたい」と答えていた。

ほくろを取った箇所には一週間ほど肌色のシールのようなものを貼るので、あまりたくさん取ると、顔中がシールだらけになってしまう。一週間以内にインタビューや講演など人前に出る予定があり、顔のほくろ全部ではなく、一部だけ取ってほしいとお願いした。

結果、ほくろを取ったという話をしなくても、会う人会う人「なんかきれいになった？」と言ってくれた。やっぱりそう言われればうれしいのはうれしい。

普段韓国の映画やドラマばかり見ているが、たまに日本の映画やドラマを見ると、かっこいい、きれいな日本の俳優たちのほくろが目に入ってくる。日本にいた時はまったく気にならなかった。韓国の俳優はほとんど顔にほくろがないので、それに見慣れてしまって、日本の俳優のほくろが目に付くのだ。

もちろん、日本の人たちが外見を気にしないわけではない。だけども韓国の「外見至上主義」はレベルが違うと感じる。特に整形に関しての敷居の低さ。日本で地下鉄に乗ると車内広告でよく見るのは脱毛サロンの広告だが、韓国では整形外科の広告だ。

ただ、最近は事情が変わってきている。K-POPアイドルに憧れる日本の若者たちが、メイクやファッションを真似るだけでなく、整形をしに韓国へ来るようになっているそうだ。仁川観光公社が医療観光の広報のために体験ツアーを呼びかけたのも、そういう背景がある。美容目的で韓国へ来る日本人のほとんどがソウルの江南《カンナム》へ向かう。その一部でも仁川空港から近い仁川へ誘致しようというのだ。

同じ「美」を追求するにしても、日本と韓国では少し違うような気がする。日本では自己満足が目的なら、韓国は周りの視線を意識して、という傾向があるようだ。自分がきれいになれば満足、というのと、周りにきれいに見られたい、という違い。もちろん両方が混ざっているのだが、韓国ではより後者の傾向が強いと感じる。

「外見至上主義」とは少し違う話だが、同じ脈絡のようなので例を挙げてみる。どんな車に乗るか、という選択でも韓国では周りにどう見られるかを意識する人が多いようだ。

韓国の大学に勤務する日本人教授の車に乗る機会があった。イタリアのフィアットという自動車メーカーの小さな車だ。私は思わず「かわいい!」と声を上げた。いつか乗ってみたいと思っていた車だった。教授はうれしそうに笑いながら、「でもね、韓国では教授がこんな小さな車に乗ったらダメって言うんだ」と話していた。

韓国では会長が乗る車、社長が乗る車、という風に社会的地位に応じて乗るべき車がある程度決まっている。大企業の会長や社長なら理解できるが、日本では大学教授がどんな車に乗っていようと、気にする人はあまりいないと思う。軽自動車に乗っている教授も珍しくない。

韓国では軽自動車に乗る人は日本に比べて少ない。理由の一つは事故が起きた時に危険だということだが、それなら日本も同じだ。高速道路に乗って長距離を走るのでなければ、燃費が良く実用的な軽を選んでもよさそうなものだが、韓国では車は他人に見せるもの、という側面もあって、軽が好まれないのかもしれない。大きいものがいい、という価値観もある。

韓国で暮らしていると、知らないうちに自分自身も「外見至上主義」に少しずつ適応しているようだ。ほくろを取って日本に一時帰国した時、母は私を見て何も言わなかった。私の顔にほくろが多かろうが少なかろうが、さほど関心事ではないのだ。それが当然だったはずの私なのに、どこか寂しい気持ちになった。「お母さん、私どこかきれいになったと思わない？」と、聞きたくなったほどだ。

日本のお正月、韓国のソルラル

二〇一八年は、中国で新年を迎えた。二〇一七年の年末に尹東柱詩人の生誕一〇〇周年を記念する日中韓のシンポジウムがあり、それに参加したためだ。おかげで、大晦日と元旦に白頭山《ペクトゥサン》（標高二七四四メートル）に登り、雪に覆われた天池（頂上のカルデラ湖）が太陽の光でキラキラ輝くのを眺めるという貴重な体験ができた。

二〇一七年は、安室奈美恵が紅白歌合戦で引退するというので見たい気もしたが、中国のホテルでテレビをつけると中国版紅白歌合戦のようなものをやっていた。ぼんやりと見ていると、シンポジウムに参加した韓国のメンバーたちから連絡があり、打ち上げ兼年越しの宴会に誘われた。お酒を飲みながら尹東柱詩人の詩を日本語と韓国語で朗読し、一緒に和やかに年を越した。

だが、なにか足らない気分だった。考えてみると、日本ではない場所で新年を迎えたのは生まれて初めてだった。中国から韓国へ戻り、その後日本で冬休みを過ごした。日本に着いてすぐに新年会があり、ちょっと遅いお節料理を食べると、やっと新年を迎えた実感がわいてきた。特に伝統を守る方でもないが、毎年習慣のように食べてきたものを食べないのは調子が狂う。

大晦日の年越しそばも食べそびれた。是枝裕和監督の映画『誰も知らない』（二〇〇四）では子どもたちがインスタントのそばを食べる場面があった。お母さんがいない状態で子どもたちだけでインスタント食品を食べるのも胸が痛むが、それがそばというのが、その日が大晦日という意味で、切なかった。クリスマスには戻ると言ったお母さんが大晦日にも戻らないのは、もう戻ってこないことを予期させるからだ。子どもを置いて母が出ていった実際の事件がモチーフになった映画で、私は子どもたちがインスタントのそばを食べるシーンが一番悲しかった。

二〇一八年、韓国のソルラル（旧正月）が近づき、日本で年末年始を過ごせなかった分、韓国で韓国式の過ごし方をしようと考えた。韓国では今でも旧暦で新年を祝う。とは言っても、韓国に家族がいるわけではないので、ソルラルに食べるトックッ（お餅のスープ）を作って食べるぐらいだが。ソルラルにトックッを食べる意味を調べてみると、大晦日のそばと同じで長寿を願う意味があるようだ。カレトックと呼ばれる丸くて細長い韓国のお餅を切ってスープに入れるのだが、やはり細長い＝長寿なのだ。また、餅の丸い断面が貨幣のような形なので、経済的な豊かさを願う意味もあるという。

秋夕やソルラルのような名節《ミョンジョル》（伝統的な行事）こそ韓国特有の文化が味わえる時なのに、外国人には体験できないのが惜しい。韓国人と結婚した友人たちは名節は体力的にも精神的にも大変だと言うけれど、一度はまともに経験してみたい。

後日談だが、このコラムは「数日間だけ嫁入りさせてくれる韓国人探しています」という見出しで韓国の中央日報に掲載された。すると、本当に二人の親切な方から「ソルラルを一緒に過ごしませんか」と連絡がきて、そのうち家が近い方のお宅にお邪魔した。

もちろん数日というわけにはいかず、ソルラル当日の朝行って、数時間を一緒に過ごしたのだが、トックッ以外にもいろんな種類のジョン（さまざまな具材ごとに小麦粉と溶き卵をつけて焼いたもの）、チャプチェなどの料理がずらっと並んだテーブルがすでに準備されていて、私は作りもせずにおいしくいただくだけだった。さらにいい歳をしてお年玉までもらってしまい、そこにいた小学生たちに私もお年玉をあげた。韓国ではお年玉はセベットンと言う。セベはソルラルに目上の人に対してする韓国独特のお辞儀のことで、トンはお金。日本みたいにただお年玉をもらうのでなく、セベをしたうえでもらうのがセベットンだ。なので私もセベをして、子どもたちは私にセベをしてくれた。本当に数時間だけ、韓国のファミリーの一員になった気分を味わった。

何のための不買運動？

二〇一八年に韓国最高裁で日本企業に対し元徴用工に対する賠償を命じる判決が出て、日本政府が二〇一九年に半導体材料三品目の輸出規制をかけたことから、韓国で日本製品不買運動が広まった。その標的となった一つは「アサヒビール」だった。日本製品といえば真っ先に思い浮かぶほど、韓国でアサヒビールが人気だったということでもある。

私が「朝日新聞出身」と言えば、「アサヒビールの系列会社？」と聞かれることもある。日本では朝日新聞の朝日は漢字で、アサヒビールのアサヒはカタカナなので、系列と思う人はまずいないが、発音しか知らない韓国の人の中には意外に系列社と勘違いしている人が多い。

毎日のように報じられる日本製品不買運動のニュースを見ていると、「日本政府に原因があるとはいえ、日本製品に何の罪が？」と思ってしまう。商品が消費者に届くまでには、企画した人、作った人、運んだ人、販売した人、本当にたくさんの人が関わっていて、そこには日本人もいるだろうし、韓国人もその他の国の人もいるかもしれない。いろんな人が汗水流して生まれた商品のはずだ。実際、私の周りを見回しても、不買運動によって損害を被ったという人の多くは日本人よりむしろ韓国人だった。

私自身も不買運動の対象みたいな気がして、韓国で過ごすこと自体憂鬱だった。そんなある日、中央日報のエディターから昼食に誘われた。中央日報から何人か来るという。連絡を受けた時にはコラム連載が打ち切りになるのでは、と、ビクッとした。実際、「NO JAPAN」と言われながら韓国の新聞に日本人が何を書けばいいのか、悩ましくもあった。原稿料よりも、この状況で打ち切られた時の自分の心理的ショックを想像して心配になった。

指定された店は日本式の居酒屋だった。報道によれば居酒屋も不買運動の対象になっていた。ところが入ってみると、意外にも席は埋まっていた。メニューを見る前に同席の一人が「ビールは何にする？」と聞いてきた。日本では昼間からアルコールを飲むことはほとんどないが、韓国では、特にマスコミ関係者は昼間から飲むことも多いようだ。遠慮がちに「アサヒ」と言ってみたら、みんなが「僕も」「私も」と言い、アサヒビールで乾杯した。連載打ち切りどころか、私が気を落としているんじゃないかと心配して設けてくれた昼食会だったようだ。帰り道、温かい心遣いをかみしめ、涙があふれた。

その数日前、韓国人の知人から嘆きの電話があった。一生懸命準備してきた日韓交流のイベントが中止になったというのだ。悔しいけれど、その悔しさを韓国人には言えないという。

それまでは政治と文化は別だと思っていた。両国の政治家たちは国民の支持を得るためのパフォーマンスで日韓の対立を利用することもあり、民間人としてはそれに一喜一憂せず文化交流を続ければいいと思っていた。ところが、日本政府による輸出規制、それに対する韓国の反発の大きさに圧倒され、政治が文化交流に大きく影響を与えることを実感した。

私が日本で経験した不買運動といえば、朝日新聞の本社前で朝日新聞の購読をやめるよう訴える、朝日新聞不買運動だ。数人が毎週のように本社前に来て、朝日新聞批判を繰り返す。聞くともなしに聞こえた内容は、慰安婦問題など韓国関連の報道が批判のメインだった。不快だったが、一種のヘイトスピーチのようなものだと思って気にしないようにした。

一方、日本製品不買運動は日本側に原因があり、韓国の一部というよりも国全体と言っていいほどの運動の規模で、気にしないでは済まない状況だった。韓国に住む日本人の中にはこの問題を深刻に捉え、声明を発表する人もいた。韓国人男性と結婚し、二〇年以上韓国に暮らす宮内秋緒さんだ。宮内さんは、日本出身のお母さんたちが集まって日韓の歴史について学ぶ勉強会を開いている。お母さんたちの趣味活動というよりも、子どもたちの将来のためだ。特に日韓夫婦の子どもにとって日韓の友好は重要だ。声明は主に日本政府に対するもので、安倍政権下での右傾化、歴史歪曲によって、韓国に暮らし、日韓の友好を願う人たちが望むのとは反対の方向へ進んでいる、と指摘した。

不買運動の対象には、一時、韓国の代表的な焼酎《ソジュ》ブランド「チョウムチョロム」も入っていた。ある時、「チョウムチョロムは大韓民国のソジュブランドです」と、瓶に表示があるのを見て、どういう意味なのか知人に聞くと、「チョウムチョロムはロッテだから日本製品と思われている」と言われた。

チョウムチョロムはロッテ酒類から販売されている。ロッテは日本で創業したが、韓国に進出し、ホテルやデパートも運営する一大財閥に成長したグループ企業だ。不買運動の対象とされた経緯には「アサヒビールがロッテ酒類の株主」という噂まであったが、ロッテ酒類はそういう事実はないと発表し、れっきとした韓国企業であることを主張した。

仮にアサヒビールが株主だとしても、ソジュが日本製品不買運動の対象になるなんて、本当におかしな話だ。何のための不買運動なのか、みんな冷静に考えてほしいと思った。

ちょうどいい距離感

近年、韓国の小説がどんどん日本語に翻訳され、書店でも韓国の本のコーナーを見かけることが増えた。日本の友達から韓国の小説を勧めてもらうことも少なくない。

普段は韓国の小説は韓国語で読むことが多いが、翻訳版はどうなのか気になって、キム・エランの『外は夏』日本語版（亜紀書房）を読んでみた。翻訳だというのを忘れるくらいこなれた表現で、すっかり没頭して読んでいた。『外は夏』は七つの短編小説で構成されており、共通のテーマは「喪失」で、セウォル号事故が背景にあるようだ。日本でも東日本大震災など災害を経験し、共感する人は多いと思う。

私が新聞記者として初めて韓国へ出張したのは二〇一三年だった。村上春樹の『色彩を持たない多崎つくると、彼の巡礼の年』（文藝春秋）が韓国で出版されるのに合わせた取材だった。韓国語版発売前から版権をめぐる韓国の出版社間の競争や、非常に高額の契約が結ばれたことなどが報じられていた。韓国の日本文学ファンたち、出版社や書店などを取材し、どれほど人気なのかを連載記事にした。

その時、ふと、なぜ逆に韓国の小説は日本で売れないのだろうと思った。読んでみればおもしろい小説もたくさんある。おそらく、韓国の小説のおもしろさを日本へ伝える人材が不足しているのだと思った。当時、韓国語で韓国の小説を読める日本人は限られていた。私が最初に語学留学した二〇〇二年の頃は韓流ブームの前で韓国語を学ぶ日本人は少なく、一年留学しただけでも「韓国語がうまい日本人」と言われたほどだ。

二〇〇四年にNHK地上波で放映されたドラマ『冬のソナタ』から本格的に始まった韓流ブーム以降、韓国語を学ぶ日本人が急増した。言葉を学べば、自然と本を読みたくなるものだ。ブームが始まって十数年たち、やっと韓国文学が日本で定着してきた。

「日本の読者にとって、韓国の小説はその距離感がちょうどいい」と言う人もいる。欧米の小説はどこか自分たちと離れた世界のように感じられるが、韓国の小説は日本と似ているようでちょっと違う、地続きの感覚があるという。

何より、優秀な翻訳家の存在が大きい。小説を翻訳するには韓国語の理解力はもちろん、日本語の表現力に長けていないとできない。『外は夏』の翻訳者、古川綾子さんもその一人だ。古川さんはキム・エランの『走れ、オヤジ殿』(晶文社)やユン・テホの漫画『未生　ミセン』(講談社)なども翻訳した。

古川さんが韓国語を学び始めたのは、大学時代の一九九〇年代。幼い頃から本は好きだったが、韓国文学は自分の好みとは少し違うと感じていた。大学の授業で読む韓国の小説は骨太で、男性的な感じがしたという。ところが、尹東柱の「序詩」「病院」などの詩をきっかけに韓国文学に興味を持つようになった。大学卒業後、日本で八年ほど会社に勤めた後、韓国語教師を目指して韓国に留学し、延世《ヨンセ》大学教育大学院韓国語教育科を修了した。修了後もしばらくは韓国に留まり、その間に韓国文学翻訳院の翻訳新人賞を受賞し、本格的に翻訳家として活動するようになった。

古川さんは、韓国文学の魅力について「その時々の時代性が描かれている」と話す。例えば『外は夏』は、具体的には言及されていないが、セウォル号事故後の韓国社会や個々人が受けた傷が描かれているようだ。「キム・エランさんは、それをそっと差し出すような感じ。読者に強要せず、におわせるようなスタイル」と話す。

古川さんも、日本での韓国文学人気を肌で感じているという。『外は夏』日本語版出版に合わせてキム・エランさんが日本へ来てトークイベントを開いた時も満席だったという。「以前は出版社に韓国の小説翻訳の企画書を出しても断られることが多かった。出版物が売れない時代に、しかも海外の小説は厳しいという雰囲気でした。それが最近は出版社の方から翻訳の依頼が来ることが増えた」と言う。

韓国での村上春樹の小説ほどではないが、最近は日本でも複数の出版社が韓国の本の版権をめぐって競い合うことがある。基本的には韓国映画を専門にしている私にも韓国の小説に関する講演依頼や解説文の依頼がくるほどだ。古川さんは「日本の出版社が韓国の本の翻訳出版に力を入れ始めた。その中でもクオン（CUON）はレジェンドのような存在」と言う。

私自身はクオンの金承福《キムスンボク》社長とは二〇一三年、東京国際ブックフェアで最初に出会った。その年のブックフェアのテーマ国が韓国で、ハン・ガン、キム・ヨンス、キム・エランら韓国の作家もたくさん参加した。当時まだ韓国文学についてよく知らなかった私をガイドしてくれたのが金社長だった。

二〇〇七年に設立された出版社クオンは、韓国文学を日本で紹介する上で大きな役割を果たしてきた。その一つは、「新しい韓国の文学」シリーズだ。シン・ギョンスクの『オルガンのあった場所』まで二三冊を翻訳出版した。金社長は「最初の戦略は、日本の読者がアプローチしやすい本を選ぶことでした。民主化運動が落ち着いて、二〇〇〇年代以降の韓国と日本の感性はかなり近づいたと思う。だからまずは二〇〇〇年代以降の韓国文学から翻訳出版を始めた」と話す。

さらにクオンは、日本の他の出版社に韓国の本を紹介する役割も担ってきた。日本の出版社では韓国語ができるスタッフがいない場合も多く、韓国の本について日本語で紹介する小冊子を作って配るなど、韓国と日本の出版社をつなぐエージェンシーの役割だ。「日本の書店に韓国文学のコーナーができるのが目標」というのを二〇一三年の最初に出会った時から聞いてきたが、最近はそれが現実になっていて、金社長もさぞかし満足だろうと思う。

チョ・ナムジュの小説『82年生まれ、キム・ジヨン』が日本でもベストセラーになったニュースは韓国でも大きく報じられたが、それ以外にも様々な韓国の本が日本でよく売れている。キム・スヒョンのエッセイ『私は私のままで生きることにした』(ワニブックス)、ハ・ワンのエッセイ『あやうく一生懸命生きるところだった』(ダイヤモンド社)などが代表的だ。『私は私のままで生きることにした』はBTSのジョングクが、『あやうく一生懸命生きるところだった』は東方神起のユノが読んだらしいという評判が人気に火を付けた面もある。

金社長は「きっかけはK-POPだったり、韓国ドラマだったり、様々。いずれにしても韓国の本の読者が増えるのはうれしい」と言う。

クオンは東京の書店街、神保町に「チェッコリ」という韓国ブックカフェを営んでいる。クオンから出た本だけでなく、韓国の本、韓国にまつわる日本の本も売っている。三〇人くらい入るスペースで、韓国文化関連のイベントも活発に開かれてきた。私も韓国留学や韓国映画の話をさせてもらったことが何度かある。

『パラサイト』がアカデミー四冠を果たした時には、チェッコリに「おめでとう」とプレゼントを持ってくる人もいたという。それだけ、本に限らず韓国文化空間として認識されているということだ。

金社長はうれしそうに笑って言った。「韓国でも日本のアニメーションやJ-POPの人気が先にあって、それからハルキをはじめ日本の小説もよく読まれるようになった。それには少し時間がかかりました。韓国の様々な文化に接しながら、自然と本にも関心を持ってもらえたら理想的。時間はかかったけど、そういう時期が来たみたい」。

スホランとバンダビをご存じですか？

二〇二一年に韓国観光公社福岡支社の主催で、江原道《カンウォンド》のドラマなどのロケ地やカフェを紹介するオンラインイベントを、一緒に進行役を務めたキム・テイさんの自宅から配信した。花いっぱいの飾り付けの中に、スホランとバンダビの姿もあり、懐かしい気持ちになった。二〇一八年、平昌オリンピックの公式マスコットキャラクターだ。スホランは韓国を象徴する白虎、バンダビは開催地の江原道に生息するツキノワグマをモチーフにしている。

平昌オリンピック開幕の数日前、日本から中学時代の友達が遊びに来た。日本では経験したことのないマイナス二桁の寒さのなかで、明洞《ミョンドン》や仁寺洞《インサドン》、東大門《トンデムン》などソウルの代表的な観光地を回った。韓国で暮らしているとあまり行かない場所だが、久しぶりに観光客のような気分でショッピングを楽しむのも新鮮だった。明洞では寒さも忘れて韓国コスメを買うのに没頭していた。韓国コスメはおみやげにも喜ばれるので、友達はこれ以上持てないほどたくさん買い込んだ。

日本では中学生くらいの女の子を「箸が転んでもおかしい年ごろ」と言うが、中学生に戻ったみたいに朝から晩まで笑い転げた。そんな風に何日か過ごして友達が帰る時には急に寂しくなった。金浦《キンポ》空港まで車で送り、別れの時間……という時、そこで平昌オリンピックの公式ショップを見つけた。友達はスホランとバンダビが目に入ると、「かわいい！」と叫び、再びショッピングを始めた。

そういえば、ソウルの代表的な観光地を回りながら、オリンピック公式ショップを一度も目にしなかった。友達は「オリンピック開幕直前なのに、あんまり雰囲気が伝わってこないね。今韓国に来る日本人はオリンピック関連グッズを買いたいと思うけど、ちょっともったいない」と、首をかしげた。

金浦空港で買ったスホランとバンダビのグッズの写真をフェイスブックにアップしたら、やはり、日本の友人たちの反響が大きかった。日本に一時帰国する時に買ってきてという依頼も何人かから受けた。ところが、周りの韓国の友達の反応は薄かった。私が持っているスホランのグッズを見ても「虎？」と聞くぐらいで、「平昌オリンピックの公式マスコットのスホラン」と答えても、「そうなの？」と言うだけだ。

日本では大きなイベントがあるたびにマスコットキャラクターを作って、文房具やお菓子、Tシャツなど様々な商品として販売する。イベントそのものに行かなくても、キャラクターグッズは買うという人もいるぐらいだ。二〇一〇年、記者として奈良で勤務していた頃、遷都一三〇〇年祭が開かれた。七一〇年に奈良に都が移転して一三〇〇周年を記念するイベントだ。このイベントの公式キャラが「せんとくん」だった。お坊さんのような格好の子どもの頭に鹿の角が生えたデザインで、「気持ち悪い」という声も上がり、開催前からキャラをめぐって話題になった。せんとくんに対抗して、民間のマスコットキャラクターも登場した。せんとくんネタで新聞の一面に記事が出たこともある。当時奈良で文化担当記者だった私は「せんとくん担当」と呼ばれたほどだ。

日本のようにキャラに熱狂的になるのもどうかと思うが、韓国の無関心も惜しい気がする。かわいいスホランとバンダビがもう少し活躍してもいいのでは、と思った。せっかく韓国にいるので平昌オリンピックを直接見たいと思っていたが、見たいと思う競技のチケットが予想以上に高かったのと、例年以上の寒さにびびっている間にオリンピックとは関係のない別の取材通訳を頼まれ、あきらめた。

オリンピックをテレビで見ていると、競技にまつわる話題よりも南北関連の話題が多く、少しうんざりしつつ、時々スホランとバンダビの姿が見えるとうれしくなった。とはいえ、この平昌オリンピックがきっかけとなり、それまで緊張状態にあった南北関係が劇

的に融和に向かった。この年の四月には南北首脳会談が実現し、朝鮮半島にやっと春が

……という期待も高まったが、再び冷え込んでしまった。つかの間の夢を見たような気分

だ。

ドラマ『孤独のグルメ』が韓国で人気の理由

韓国で人気の日本のテレビ番組の一つは、ドラマ『孤独のグルメ』だ。初対面の韓国の人が、私が日本人と分かると、「『孤独のグルメ』見てます！」とうれしそうに言ってくることもある。私は出演者でも何でもないのに、「日本」といえば『孤独のグルメ』を思い浮かべる人もいるほどだ。

日本語を話せなくても、「うまい！」と松重豊さん演じる主人公、井之頭五郎の口まねをする人もいた。かつて岩井俊二監督の映画『Love Letter』（一九九五）を見た韓国の人たちが、日本人に会うたびに「お元気ですか？」と主演の中山美穂のセリフをまねていたのを思い出した。

『Love Letter』もそうだが、『孤独のグルメ』も日本では特別な大ヒット作というわけではない。私も日本にいた時はそんなドラマもあるのは知っている、という程度だったが、韓国に来たら毎日のようにケーブルテレビで放送されているので、よく見るようになった。

『孤独のグルメ』が韓国で人気という話を日本の友人たちにすると、一様に「なんで?」と驚く。五郎が仕事でどこかへ行って、その近所で一人でお店に入ってご飯を食べるという単純なストーリーだが、韓国で人気の理由はなんだろう? 一つは、間違いなく日本の食に対する高い関心だ。ドラマの中で五郎が行く店は実在する店だ。実際、日本に旅行に行く韓国の人たちの多くは、旅の最大の目的は食べ物だと言う。

私も日韓を行き来することが多いので、日本に戻ったら『孤独のグルメ』に出た店に食べに行くこともある。「孤独のグルメツアー」としてブログで『孤独のグルメ』に出た店に行った感想を書いている韓国の人はけっこういる。

二〇一九年五月、全州国際映画祭の時には全州で『孤独のグルメ』に出た店を訪ねた。シーズン7に登場した「トバン(토방)」という店だ。店内には松重豊さんのサインがあった。日付を見たら、二〇一八年五月一〇日だった。その日も映画祭で全州にいたのに、五郎に会えず残念だった。

余談だが、偶然『孤独のグルメ』の撮影に出くわしたことがある。大阪の母の家の近くのお好み焼き屋で、店の前に松重さんがいた。見慣れた顔なので、つい知り合いかと思って「こんにちは!」と声をかけてしまった。そういうことも多いのだろう。松重さんも普通に「こんにちは！」と笑って返してくれた。テレビで見るのと同じ、気さくな人のようだ。

全州の「トバン」に話を戻そう。松重さんが『孤独のグルメ』撮影のために韓国へ来たというのは、当時ニュースで知った。どこで食べたのか、韓国の友人たちの間で話題になった。有名な日本の俳優が韓国へ来てもそこまで話題にならないが、韓国での人気っぷりに松重さん自身が一番驚いたのではないかと思う。

「トバン」で五郎が食べたのは「セルフビビンパ」と紹介された。ところが、実際のメニューは「家庭式ペッパン」だった。ペッパンは白飯と書くが、定食のようなものだ。日本ではご飯とおかずや汁物を混ぜて食べる文化があまりないので、別々に出てきたご飯におかずも汁物も全部入れて混ぜるのが新鮮に感じられたのだろう。『孤独のグルメ』では五郎が自分なりのビビンパ（混ぜご飯）を作って楽しむ様子が放送された。

私は韓国料理が大好きだが、米のご飯は日本の方がおいしいと思う。韓国は基本的にキムチが出てきて、おかずも汁物もご飯と一緒に食べるので、ご飯だけを味わうことはあまりない。だからこだわらないのかもしれない。

韓国の『孤独のグルメ』ファンたちは、五郎の食べっぷりが好きだと言う。五郎は一人でいくつかのメニューを注文し、一つずつ吟味しながら食べる。ハングルを読めない五郎は「トバン」ではまず一番安いものを頼んで、その後追加で注文するつもりだったが、結局、家庭式ペッパンだけで終わった。注文を間違ったのかと思うぐらいたくさんのおかずが出てきたからだ。日本から韓国へ遊びに来る友達もたいてい韓国の多彩なおかずに感動する。「これ全部タダ？」と驚きながら一生懸命全部食べようとする姿は、見ている私まで気持ちいい。

私も「トバン」で五郎と同じ自分流ビビンパを作ってチョングッチャン（納豆汁）も一緒に混ぜて韓国らしい食文化を楽しんだ。

ところで、数ある日本のグルメ番組のなかで、『孤独のグルメ』が特別人気の理由はなんだろう？　その答えは「孤独」にある気がする。五郎がドラマのなかで全州に出張に行く時、ソウルからスタッフが同行した。韓国では出張に一緒に行って別々に食事をすることはまずない。ところが『孤独のグルメ』は一人で食べるのがコンセプトなので、五郎は全州でも一人でセルフビビンパを楽しんだ。

韓国でも最近は「ホンパプ」と言ってホンジャ（一人で）パプ（ご飯）を食べる文化が定着してきた。でも、実際は一人で外食するのは気が引けるという人も少なくない。日本では平気で一人で外食していた人も、韓国では周囲の視線が気になると言う。だから、堂々と一人で食事を楽しむ五郎の姿に憧れのようなものを感じるのではないだろうか。私は一緒に食べる韓国の食文化も好きだが、一人で食べても何にも気にならない日本を懐かしむこともある。

『孤独のグルメ』に出てくる店の多くは東京にある。個人的に特においしかったのは、シーズン1に出てきたとんかつ屋「みやこや」だ。鷺ノ宮駅の近くにある店に入ってみると、お客さんはほとんど地元の人のようだった。

『孤独のグルメ』に出てくる店は庶民的な店が多い。それゆえ観光地でない日本の日常的な姿が見える。ここで私が食べたのはカキフライだ。そういえば韓国ではカキのジョンはよく食べるがカキフライを食べたことがない。外はサクサク、中はジューシーなカキフライを久々に食べて幸せに浸った。

店を回りながら感じたのは、どの店も番組に出たことをあまり強調していないことだ。松重さんのサインぐらいはあっても、探さなければ気付かない程度のことも多い。逆に韓国ではテレビに出ると大きな看板を掲げてアピールすることが多い。「テレビに出たぐらいだからおいしいだろう」と思うのは日韓同じだと思うが、それをあまり主張しない方が味で勝負している店のように感じるのは日本的な感覚だろうか。「孤独のグルメツアー」をした韓国の人たちはどんなことを感じながら回ったのか、一度聞いてみたい。

日韓のアイドルの違い

私が初めて韓国のアイドルオーディション番組に釘付けになったのは、二〇一八年に放送されたMnet「PRODUCE 48」だった。参加者九六人のうち、日本のアイドルＡＫＢ48グループ（以下、ＡＫＢ）のメンバーが三九人参加した。最終的に「IZ*ONE」として一二人がデビューしたうち、ＡＫＢからは三人だったのは少し寂しかった。

実は「PRODUCE 48」の放送が始まる前から、韓国在住の日本人の友達の間で心配の声が上がっていた。ＡＫＢメンバーたちの歌やダンスの実力が韓国の練習生たちに及ばないのではという心配だった。初回でその心配は現実となった。審査員に「舞台に立つには実力が足らなすぎる」という指摘を受けて泣き出すメンバーもいた。見ているのもつらいほどだった。

韓国の視聴者は、なぜすでにデビューしてプロとして活動しているＡＫＢメンバーが、韓国のまだデビュー前の練習生たちに歌やダンスの実力で劣るのか疑問に思ったかもしれない。持って生まれたものの差もあるのかと思ったら、番組が回を重ねるごとにAKBメンバーがどんどんうまくなるのを見て、日本では韓国のようには歌やダンスの訓練を受けていないのだと分かった。

私は以前から日本と韓国のアイドルの違いは、ファンの求めるものの違いから来るものだと思っていた。日本のファンはアイドルに「完璧」を求めない傾向がある。未熟なアイドルが成長する過程を見るのを楽しむ。だから日本のアイドルは未完の状態でデビューするのだ。これから伸びるだろうという可能性を早くから見出して応援するのが日本のファンの楽しみ方だ。特にAKBは手の届かないようなアイドルではなく、「会いに行けるアイドル」がコンセプトだ。

ファンはCDを購入することでメンバーと握手できたり、「選抜総選挙」の投票権が得られたりする。好きなメンバーの得票数を上げるには、それだけCDをたくさん購入すればいい。ファンたちはグループのなかで競い合って成長していく姿が見たいのだ。

一方、韓国のアイドルは何年も練習生として歌やダンスの特訓を受け、完成度の高い状態でデビューする。それが瞬く間にインターネットを通して全世界で見られる。

日本のアイドルの販売戦略は国内向けだが、韓国は全世界に向かっている。日本の人口は約一億二五〇〇万人、韓国の人口は約五二〇〇万人なので、日本が倍以上だが、もはや日本も国内市場だけを考えてはいられない時代が来ている。動画やコンサートでK-POPアイドルの歌やダンスを見て育った日本の一〇代、二〇代は目と耳が肥えてしまった。国内の音楽市場でもだんだんK-POPの存在が大きくなり、AKBの秋元康プロデューサーは「PRODUCE 48」に参加することでK-POP人気との相乗効果を狙ったのではなかろうか。

ところで、日本のファンが未完のアイドルを好むのには歴史がある。例えば二〇一四年に一〇〇周年を迎えた「宝塚歌劇団」。団員は二年制の宝塚音楽学校の卒業生だ。宝塚音楽学校に入ること自体が難しいとはいえ、二年ではまだ未熟な場合が多い。それでもファンたちはデビュー公演から、あるいは宝塚音楽学校入学時から「成長株」に目を付けて、その成長過程を見守るのだ。

男役トップスターを頂点に序列がはっきりしており、その序列によって配役が決まる。その序列は団員それぞれのファンクラブのチケット販売数など人気が考慮される。ファンは自身が応援する団員が少しでも序列が上がっていい役がもらえるよう、一生懸命チケットの売り上げに貢献しようとする。AKBの総選挙を見ながら、「宝塚と似ている」と思った。

日本でプロ野球にも負けないくらい人気の高校野球も、アマチュア好みのファンに支えられている。韓国で高校野球は一般の人たちが観戦するものではない。成長過程を楽しむのが日本式のようだ。

IZ*ONEのデビューまでを見てもそうだ。ＡＫＢメンバーは日本では経験したこともないような厳しい指導を受け、泣きながら歌やダンスを学び、投票権を持つ視聴者に向かって一生懸命韓国語で語りかける。その姿に私まで心底応援したい気持ちになった。

二〇二一年四月にグループとしては活動を終えたIZ*ONEだが、それぞれ新たなグループに入ったり、ソロデビューしたりして活躍している。紅白歌合戦にも出演したNiziUやＪＯ１なども、IZ*ONEの成功に続く、Ｋ－ＰＯＰオーディションからのデビューだった。メンバーは全員日本人だけどもＫ－ＰＯＰ風アイドルが人気を集めるという、おもしろい時代になった。

記憶の彼方の？ ＩＭＦ通貨危機

韓国は日本ではなかなか感じられないような情熱的な魅力がある。ただ、その情熱は冷めるのも早いようだ。報道を見ていても、何か起こるとワーッとそれ一色になるが、一年、二年……一〇年、二〇年の節目にそれを振り返る報道はあまり見られない。

二〇一七年、三度目の韓国留学生活を始めた頃、朝日新聞の先輩記者から「ＩＭＦ通貨危機から二〇年」の企画記事を準備中で、手伝ってほしいと連絡が来た。一九九七年、ウォン急落と外貨不足の危機にひんした韓国がＩＭＦ（国際通貨基金）に支援を要請した。緊縮財政や金利の引き上げなどで韓国内の多くの会社が倒産した。韓国では「ＩＭＦ」と言えば九七年の通貨危機を指す。先輩は、当時解雇されたり、就職が取り消しになるなど影響を受けた人を探しているが、なかなか応じてもらえないというのだ。

影響を受けた人はたくさんいるだろうに、なぜ応じてもらえないのだろう？　最初は疑問だったが、実際に周りに聞き回ってみて分かった。二〇年という歳月は変化の激しい韓国ではあまりにも長い歳月なのだ。当時のことを尋ねると、大昔の出来事のように「詳しいことはよく覚えていない」と答える人が多い。「二〇年も前のことを、韓国の新聞でもなくなぜ日本の新聞が取り上げるのか?」といぶかしむ人もいた。

ＩＭＦ当時は国の債務償還に役立とうと、「金《きん》集め運動」に多くの国民が参加した。ネックレスや指輪などの金製品を国に寄付する運動だ。日本では考えにくいと思うが、約三五〇万人が参加し、約二二七トンの金が集まった。そんな熱気も二〇年経てば大昔のことらしい。

日本は東日本大震災はもちろん、一九九五年の阪神・淡路大震災も毎年その時期がくれば取材して記事を書く。当時を振り返り、今遺族はどう過ごしているのか、防災についてなど、様々な角度から取り上げる。一〇年、二〇年の節目には特に大きく報じる。

先輩がＩＭＦから二〇年の企画を準備していると最初に聞いた時、思い出したのは、私が最初に韓国に留学した二〇〇二年の頃出会った友達だ。お父さんはＩＭＦで工場がつぶれて職を失い、お母さんは家を出ていってしまったと聞いた。ＩＭＦを急に身近に感じた瞬間だった。貧しくても夢に向かって努力を惜しまない友達で、私もたくさん刺激をもらった。

先輩には当時銀行員だったが解雇されたという知り合いを紹介した。最初に話を聞いた時は「解雇されたけど、悔しい気持ちもなかった。かえって他の仕事も経験できて良かった」と、軽く話していた。ところが、正式にインタビューが始まると様々な苦労話が出てきた。当時銀行の融資担当で、倒産した中小企業の社長らが連日訪ねてきては助けてほしいと懇願されたという。「私が何もできないと分かっていながら、そう頼むしかない社長たちの心情も十分理解できた。そうこうするうちに勤め先の銀行が他の銀行に吸収合併され、解雇された。私よりずっと深刻な人たちを見てきたので、解雇されるぐらいは大したことないと思った」。直接的な理由ではないかもしれないが、解雇の後に離婚したという話も気になった。

正式にインタビューしたわけではないが、他にも何人かにIMFの頃の経験を聞いた。お父さんが大宇《テウ》グループに勤めていた知り合いは、IMFでグループが解体され、それまで会社から支給されていた大学の授業料がもらえなくなり、自分で稼いで払うことになったという。IMF後は就職難となり、大学卒業後二〇代で事業を始めた。幸い事業はうまくいったが、当時を振り返り、「兵役を終えたらIMFで世の中が変わっていて焦った」と話す。

九七年に就職した途端に解雇され、予定していた結婚を延期して海外で働かざるを得なくなったという知り合いもいる。今はメディア関連の仕事で活躍している。

何人かの話を聞いただけでも、短い期間に痛みを克服して前に突き進む韓国の底力を感じた気がした。

一方、日本で災害や事件について繰り返し報道するのは、過去に学ぼうということでもある。自然災害そのものは止められないが、対策について考え、共有することで犠牲を減らすことはできる。韓国でもＩＭＦ通貨危機という過去の痛みを振り返ることで、何らかの教訓を得られるかもしれない。

認知症をめぐって思うこと

酔っぱらうと映画『私の頭の中の消しゴム』を見るという友達がいる。ソン・イェジンとチョン・ウソンが主演した二〇〇四年公開の映画だ。韓国で観客数二五〇万人を超えるヒットとなり、日本でも第一次韓流ブームの真っただ中に公開され、長らく韓国映画の歴代興行収入一位に君臨していた。二〇二〇年、『パラサイト』がその記録を塗り替えた。

その友達は、映画の前半はセリフをほぼ覚えているほど繰り返し見ているが、後半にさしかかると止めるという。妻スジン（ソン・イェジン）がだんだん記憶を失っていき、夫チョルス（チョン・ウソン）まで忘れてしまうのが見ていられないと言うのだ。映画の中でスジンはアルツハイマー病と診断される。脳が委縮する病気で、認知症の中で最も多いのがアルツハイマー病だ。

私の祖母もアルツハイマー病だったが、二〇二一年、九九歳で亡くなった。亡くなるずいぶん前から私に会っても孫と分からない状態だった。祖母は野菜嫌いでほとんど野菜を食べなかったが、アルツハイマー病で嫌いな食べ物も忘れてしまったのか、何でもよく食べるようになった。祖母の変化を見ていると「記憶って何だろう」と思った。映画のように美しい話でもないが、隠すべきことと思ったことはない。ところが、韓国で祖母がアルツハイマー病という話をした時に「そういうことはあまり言わない方がいい」と注意する人がいた。日本でもかつては認知症に対する偏見があったが、だいぶなくなってきたと感じる。韓国は日本に比べると患者数が少ないからか、まだ偏見があるようだ。

日本では二〇〇四年、厚生労働省でそれまで「痴呆」と呼ばれていたのを「認知症」と言い換えようという報告がまとめられた。痴呆という言葉には侮蔑的なニュアンスがあるという理由だった。一方、韓国で認知症を指す言葉は「チメ（치매）」で、漢字で書けば「痴呆」だ。周りの韓国人に聞いても、「チメ」に特に侮蔑的なニュアンスは感じないという。漢字で書かないからかもしれない。

日本に比べると、韓国ではニュースなどで認知症が取り上げられることは少ない。一般的な話題としてもあまり聞かない。私は朝日新聞に勤めていた頃、文化担当がメインだったが、認知症取材班に入って取材した経験もある。その経験から、認知症に関しては社会全体で問題を共有することが大事だと思っている。

私が認知症取材班に入ったのは、二〇一四年だった。認知症の「徘徊」が注目された年だった。認知機能の低下によって、自分の居場所や家に帰る道が分からなくなって歩き回ることを指す。この年、徘徊中に列車にはねられて死亡した男性の遺族に、列車を運行したＪＲ東海が損害賠償を求めた裁判の控訴審判決があり、男性の妻の監督責任を認めて損害賠償を命じた。事故による遅延で損害を被ったというのだ。一審では男性とは別に暮らしていた長男にも損害賠償を命じていた。一審、二審の判決に対し、「家族や介護者に厳しすぎる」と批判する世論が広まった。最高裁で判決は覆り、二〇一六年、遺族の賠償責任は認めず、ＪＲ東海の敗訴が確定した。

この裁判が話題になると共に、認知症患者が行方不明になっているケースが非常に多いことが明らかになった。私は当時、行方不明になっている認知症患者の家族に会って話を聞いたが、ちょっと油断したら出て行ってしまうので、何度も何度も捜し回ったという苦労話と共に、結局行方不明になってしまったことに対する罪悪感を語る人が多かった。「後悔してもしきれない」と泣き出す人もいた。行方不明になっている認知症患者が多いことが報じられるようになってから、対策を講じる地域が増えた。認知症患者のいる家庭を把握し、姿が見えなくなったらすぐに地域の放送で特徴などを知らせて住民たちが一緒に捜すというシステムなど、地域ぐるみの対策だ。

近年、韓国でも同様のシステムが出てきた。日本の例を参考にしたのかは分からないが、近隣地区で行方の分からなくなった人がいると、携帯の文字メッセージでその人の特徴などが送られてくるようになった。

少子高齢化が急激に進む韓国で、今後認知症患者が増えることは十分予想できることだ。最近は映画やドラマにも認知症が出てくることが増え、少しずつ関心の高まりを感じる。六五歳以上が全人口の二一％を超える「超高齢社会」に世界に先駆けて突入した日本は、韓国にとって参考にできる部分が多いと思う。

韓国の不思議な「ゆとり」

韓国で暮らしていて対応が難しいと感じることはいろいろあるが、その一つは不動産関連だ。日本と制度が違い、どうしていいのか分からないことがある。

私は「オフィステル」と呼ばれる家具・家電付きのマンションに住んでいる。ある時、オフィステルを管理する不動産業者から電話がかかってきて「家主が月々の家賃を一〇万ウォン上げたいと言っている」と告げられた。予想はしていた。不動産価格が上がっていて、周りでも家賃が上がったというのは聞いていたからだ。当時の相場では確かに一〇万ウォン上げてもおかしくなかった。ただ、法的には一度に上げていいのは家賃の五%までだ。私の場合は五%は五万ウォンにも満たない額。法的に争うにはお金も時間もかかるのであまり守られないようだ。「出ていくつもりもないが、一気に一〇万ウォンも上がるのは負担です」と言ってみた。不動産業者も私がすぐに「はい分かりました」と言うとは思っていなかったようで、家主と交渉して折り返し電話すると言われた。結果、五万ウォン上げることで落ち着いた。「家賃も毎月きちんと払っているし、家主が相場より安くしてくれた」と言う。家賃をきちんと払わない人もけっこういるのかもしれない。

その日の午後、再契約の手続きをしながら、洗濯機の扉部分が壊れているので修理したい旨を伝えた。家主と相談してまた連絡するという。しばらくして電話があり「洗濯機ごと新しいものに変えることになった」と言う。五〇万ウォンほどするらしく、それは家主の負担だ。不動産業者は「結局家主さんは家賃を上げた分で洗濯機を買うことになりましたね」と笑っていた。

このことを韓国の友達に言うと「家主さん、〝ゆとり〟があるね」と言った。この「ゆとり」、日本語の発音そのままだが、使われる意味はちょっと違う。韓国では「融通」という意味で「ゆとり」を使う。「ゆとりがない人」と言うと、「融通が利かない人」という意味だ。この「ゆとり（融通）」が韓国で暮らすうえでのキーワードだと思う。

洗濯機はＬＧの製品で、今度はＬＧから電話がかかってきた。夕方ごろにかかってきた電話で「明日新しい洗濯機と取り換えるが、朝、何時に訪問するか連絡する」と言われた。明日のことなのに、何時か今決めたらダメなんだろうかと思いながらも、翌日は家でオンラインで授業を受ける以外は特段予定がなかったので、分かったと答えた。翌朝七時半、まだ夢の中にいる頃、電話がかかってきた。「正午以降いつがいいか」と聞かれ、

「じゃあ一時」と言ってみたら「一時は無理なので二時」となった。家賃値上げを言われてから洗濯機交換までの一連のやりとり、本当に韓国らしい「ゆとり」の世界だなと思った。

私が最初に韓国に出張で来たのは二〇一三年、韓国でいかに日本文学が人気かを取材するためだった。それまでは留学生としての滞在だったので仕事で韓国に滞在するのは初めてだった。出張前、出版社や日本文学ファン、韓国の作家などにアポイントを入れようと試みたが、多くは「韓国に着いたら連絡してほしい」、あるいは日は決めても「近づいたら時間と場所を決めましょう」という感じで、日時や場所を決められず不安な気持ちで日本を飛び立った。結果的にはみんな時間をきちんと取ってくれて十分に取材ができた。

できるだけ直前まで日程をフィックスしないのが韓国式だというのは今はよく分かっている。もちろん前もって決める人もいるが、日本に比べると流動的なことが多い。韓国にいればそれはそれで合理的だと感じることもある。なぜなら直前になってどんどん予定が入ってくるので、できるだけフィックスせずにいた方が調整しやすいからだ。

ただ、「ゆとり（融通）」というには度を超えた出来事もあった。二〇二一年九月初めに東国大学が主催する仏教映画祭の関連行事の国際シンポジウムに参加することになっていた。春頃に頼まれて私は日本の仏教映画に関する発表をすることになり、日本の仏教映画を探して見ながら準備していた。ところが、八月下旬になって「シンポジウムが一一月に延期になり、テーマがOTT（オンライン動画サービス）に変わりました」と告げられた。思わず笑ってしまった。「え？　仏教映画じゃなくて？」と聞き返すと、主催もソウル市中区に変わったのだと言う。主催もテーマも変わったシンポジウムになぜ発表者の私は固定なのか。周りの研究員に言っても「そんなの初めて聞いた」と驚く。なぜ私にだけこんなことが起こるのか、実は分かるような気もする。コロナの影響で海外から発表者を呼ぶのが難しいなか、韓国内の外国人で韓国語で発表できる私は国際シンポジウムに都合のいい存在なのだ。

とはいえ、断ればいいものの引き受けたのは、事故のように突然与えられたお題のOTTも興味はあったからだ。コロナ禍で日韓のみならず世界的に存在感を増しているOTTについてこの機に勉強してみよう、と思った。こんな風に韓国の「ゆとり」の世界で日々もがきながら楽しんでいる。

『半沢直樹』で知る日本

来韓した知人の宿、景福宮《キョンボックン》近くの韓屋《ハノク》（韓国の伝統建築様式の家屋）のゲストハウスを訪ねた時のこと。知人は『尹東柱評伝』（宋友恵著、藤原書店）という分厚い本を日本語に訳した愛沢革さんだ。愛沢さん自身が詩人尹東柱のファンで、私は尹東柱に関する取材でお世話になった。二〇一九年夏、ＫＢＳが主催する三・一独立運動一〇〇周年記念「尹東柱コンサート　星を数える夜」が開かれ、愛沢さんはこのコンサートに招待されて来韓したのだった。

この話を聞いたゲストハウスのオーナー家族は喜んだ。「私たち家族は日本の小説が好きなんです」と言い、何冊か出してきて見せてくれた。夏目漱石、太宰治、川端康成など日本の代表的な作家の小説の韓国語版だった。オーナーは「繰り返し何度も読んで、日本に旅行に行った時には小説の舞台になった所を回りました」と、旅の思い出を語ってくれた。韓国と日本の文学について話が弾んだところで、オーナーは「それにしても日韓関係が険悪で、心配ですね」とため息をついた。日本政府の韓国に対する輸出規制をきっかけに日韓関係が急速に悪化した時期だった。

文化交流にまで影響が出なければいいが、と重い気持ちでソウルの大型書店、教保《キョボ》文庫をのぞいてみたら、外国小説のコーナーにはいつも通り日本の小説がたくさん並んでいて、少しホッとした。韓国で最も人気の日本の小説家は村上春樹と東野圭吾。ベストセラー常連だ。ところで、ベストセラーの棚を見てうれしくなったのは、池井戸潤の『半沢直樹』があったからだ。ドラマ『半沢直樹』の原作となった『オレたちバブル入行組』『オレたち花のバブル組』（文藝春秋）は、韓国では『半沢直樹1』『半沢直樹2』というタイトルで翻訳出版された。韓国でもドラマ『半沢直樹』を知っている人が多いからだろう。

韓国では「日本人はおとなしい」というイメージを持っている人が多いようだ。特に東京の地下鉄やエレベーターなど、人は多いのに静かなことに驚いたという話をよく聞く。韓国に比べれば、日本では夫婦や友達など近い間柄でも不満があっても言葉にせず我慢する場合が多い。だから「半沢直樹」の主人公、半沢直樹のように上司に噛みつくのは、実際にはめったにないことだ。「倍返し」なんて、とんでもない。内心は上司の方が間違っていると思っても我慢して黙っている多くの会社員たちが、ドラマを見て鬱憤を晴らしたことだろう。

韓国のニュースの中で日本で関心を引くものの一つにパワハラがある。韓国では「カプチル」と言う。甲乙の甲を「カプ」と読むが、韓国では甲が立場の強い人、乙が立場の弱い人という意味で使われる。代表的なのが、「ナッツリターン」と呼ばれた大韓航空の副社長が客室乗務員のナッツの提供の仕方を理由に飛行機を搭乗ゲートに引き返させた事件。さらに大韓航空のオーナーの次女が会議中に怒って広告会社の社員にコップの水をかけた件も、日本で「ナッツ姫」に続く「水かけ姫」と命名されて話題になった。パワハラは、日韓共通の関心事のようだ。そういう意味で、半沢直樹の復讐劇には、韓国の読者もカタルシスを感じられるかもしれない。

ただ、私の経験上、日本よりも韓国の方が上司に物申す人が多いように思う。大学生の頃、大阪の韓国料理店でアルバイトをしていた。私以外のアルバイトはみんな韓国人留学生だった。オーナーも店長も厨房スタッフも全員韓国人だった。私は韓国で一年語学留学をしてきた後で、韓国語を忘れないようにと思って韓国語を使うアルバイトを探したのだった。そこでびっくりしたのは、私と歳の変わらないアルバイトの女子学生が倍ほども年上の店長に「それは違います！」とはっきり意見を言うことだった。内心かっこいいと思った。

日本で五年ほど会社勤めの経験がある韓国の友人は小説『半沢直樹』を読んで「何でもマニュアル化して過程を重視する日本、その時々融通をきかせて対処する韓国、そういう日韓の組織の違いが感じられた」と感想を語った。

日本と韓国、似ているようで、暮らしてみると違いを感じることは多い。暮らさずとも、小説や映画、ドラマなどを通してある程度見えてくる違いもある。私が文化交流に力を注ぐのは、単におもしろいからだけでなく、双方の文化を通して理解が深まる面があると思うからだ。文化まで日本製品不買運動の対象になってしまうのは、なんとか食い止めたいと思った。

小説『半沢直樹』は韓国の人たちが現在の日本を理解するうえで役立つ部分もありそうだ。小説の背景はバブル崩壊後の日本だ。韓国の読者なら一九九七年のＩＭＦ通貨危機の頃の韓国を連想する人もいるかもしれない。バブル崩壊が始まった一九九〇年代初め、私は小学校低学年だったので当時はよく分かっていなかったが、振り返って考えてみれば影響は受けた。将来的に田舎暮らしを夢見ていた父が、バブル崩壊をいち早く察知して大阪の家を売り払い、家族で高知へ引っ越した。バブル崩壊がなければもしかすると大阪に住み続けたのかもしれない。高知の自然の中でのびのび遊び回りながら、相次ぐ倒産のニュースなどは他人事のように感じられた。大学に入るタイミングで大阪に戻り、就職氷河期の中、就職活動で苦戦する先輩たちの姿を見て、バブル崩壊以降不景気が続いていることを実感した。それに比べれば韓国はＩＭＦ通貨危機からかなり短期間で立ち直ったように思う。

変化を好む韓国

韓国では民主化運動によって大統領直接選挙制を勝ち取った歴史もあり、選挙に対する関心が高い。高校や大学に講演に行っても、日本の選挙について質問を受けることが多々ある。高校生から「日本はなぜ世襲議員が多いんですか?」と聞かれ、そんなことまで知っているのかと驚いたこともある。

確かに日本は世襲議員が多い。選挙に必要な地盤（選挙区）、看板（知名度）、かばん（資金）の「三バン」を親から受け継げるからだ。韓国では「金のスプーンをくわえて生まれた」と言う。世襲議員に限らず親の職業や経済力によって生まれながらに階級が決まっているという意味で使われ、金のスプーンの逆は「泥（土）のスプーン」と言う。朴正熙《パクチョンヒ》大統領と朴槿恵大統領のように親子で大統領を務めたケースはあるが、韓国では世襲議員は少ない。金のスプーンの政治家にはどちらかというと否定的なイメージがあるようだ。

日本では特に自民党に世襲議員が多く、岸田文雄首相も、祖父、父が衆院議員を務めた三世議員だ。もちろん国会議員は選挙で決まるので世襲議員を支持する有権者がそれだけ多いということでもある。「伝統」を継承するような肯定的な捉え方をしている人も多いのかもしれない。

世襲議員として韓国でよく言及されるのは、安倍晋三元首相だ。祖父の岸信介元首相がA級戦犯容疑で逮捕された経歴（その後不起訴、釈放となった）のため、韓国では「戦犯の孫」と報じられることが多いが、日本では「総理の孫」のイメージの方が強いのではなかろうか。

安倍元首相の森友学園や加計学園をめぐる疑惑などは、韓国では「ろうそく集会」で退陣に追い込まれるような内容だったが、退陣どころか在任日数最長の首相となったのは、岸元首相から続くブランドパワーによるところが大きいと思う。

韓国は変化を好む傾向が強い。それは政治に限らない。例えば飲食店。韓国では老舗飲食店は珍しい。新しいもの、流行りものにどんどん店が変わっていく。一方、日本では老舗は老舗というだけで価値を感じる人が多い。

私が大阪でよく行くカフェ「丸福珈琲店」は一九三四年創業だから、九〇年続いている。近年は店舗数が増えてあちこちにあるが、昔ながらの千日前本店が好きだ。文化人に愛され、田辺聖子の小説にも登場する。母はコーヒーが好きで、「若い頃よく行った」と懐かしみながら私も幼い頃からよく連れていってもらった。コーヒーがおいしいのもあるが、レトロな店の雰囲気が落ち着く。

韓国では店が繁盛するとリニューアルして雰囲気を変えたり、店舗を広げたり、変化を加えることが多いが、日本では昔のままの姿を残そうとすることが多い。老舗らしい方が客も好むからだ。

私自身、日本国内で旅行に行っても老舗を探す方だ。長く続いているからにはおいしいだろうという期待もあるし、その地方独特の味があるからだ。長崎に行った時は「九州最古の喫茶店」と言われる一九二五年創業の「ツル茶ん」に行き、長崎名物という「トルコライス」を食べた。ポークカツ、ピラフ、スパゲティが一皿にのって出てきて、港町の長崎を感じた気になった。

老舗が多いということは、代々継いでいるということでもある。私の高知の知り合いも、両親が営むうなぎ屋を継ぐべく、大学で経営学を学んで、卒業後は東京でうなぎ職人となるための修業をした。驚いたのは、その修業に一〇年近くかかったことだ。大事な店を継ぎ、維持していくにはそれだけの努力が必要なのだ。

ところが、韓国では飲食店で成功しても、子どもに店を継がせるよりは、勉強して医師や弁護士など違う職に就くことを望む親が多いようだ。老舗が少ない理由の一つのように思う。

日本で伝統が好まれるのは、災害が多いこととも関係がありそうだ。地震や台風など、望まない変化にさらされる。変わらないことに対する憧れのようなものが伝統を尊重することにつながっている気がする。

韓国で日本の政治に関して最もよく聞かれる質問の一つは「日本人はなぜ自民党を支持するのか?」だ。二〇〇九年の衆院選では民主党が単独過半数の議席を確保し、政権交代を実現した。自民党政権に対する不満が高まっていただけに、民主党政権への期待は大きかったはずだ。だが、二〇一一年には東日本大震災が起こり、福島第一原発事故などの対応に失望し、「やっぱり自民党に任せた方がまし」という雰囲気を生んだように思う。自民党ならもっとうまく対応できたのかは疑問だが、心理的に民主党政権と東日本大震災のイメージが重なってしまった。自民党が支持され続けているのは、変化よりも安全運転を願いたい人たちが多いのだろうと思う。ジェットコースターのような目まぐるしい韓国の政治を見ていると、変化に対する日韓の違いを実感する。

日本人は蝶のバッジをつけられない？

二〇一八年夏、二カ月間にわたって計八回、韓国のテレビ番組に出演したことがある。tvNの「外界通信」という外国人討論番組だ。突然知らない番号からかかってきた電話で出演依頼を受けた。日本では携帯電話の番号は個人情報なので他人にたやすく教えないが、韓国では「なんで私の番号知ってるんだろう？」という人から電話がかかってくることが多々ある。試験的に放送した回があると聞き、とりあえず見てから連絡すると答えた。

各国の記者たちが集まってその時々の社会的イシューについて討論する番組だった。韓国のテレビに出演してみるのも、他国の記者たちと討論するのも、なかなかできない経験だと思い、やることにした。初めてプロデューサーと会った日、八月には歴史問題を扱う予定で、その時は日韓の話が中心になると言われた。

どうして私に依頼したのか聞いてみたら、ＳＮＳを通して私を推薦した視聴者がいたのだという。私が中央日報に書いた記事を添えて推薦したそうで、知らないところで応援してくれている読者もいるんだと思うとうれしかった。

初収録を前に出演者の食事会があった。ここで初めてアイドルグループ「SHINHWA」のキム・ドンワンさんに会った。試験的に放送した回ではドンワンさんは出演しておらず、私は顔を見た瞬間、「どこかで見たことあるような」と思いながら「どこの国のご出身ですか?」と聞いてしまった。外国人記者の一人だと勘違いしたのだ。その場にいたみんなが凍り付いたのを見て、気付いた。初対面で失礼なことをしてしまったが、MCのドンワンさんは一貫して親切に接してくれた。

週に一回の出演と思って軽く考えていたが、やってみると大変で、ちょうど大学院の夏休みだったからできた。収録は午前一〇時からだったが、放送局に入るのは午前七時半。五時半に起きて一山《イルサン》の自宅から眠い目をこすりながら車を運転してソウルの上岩洞《サンアムドン》の放送局に通った。メイクだけで一時間以上かかり、これでもかというくらい塗り重ねられて別人のような顔で出演した。放送を見ても私と気付かなかった友人もいたほどだ。

メイクが終わると、収録が始まるまでは台本を読みながらリハーサルした。ところが、収録が始まると台本とは全然違う展開になった。他国の記者たちはその時その時思いつくまま発言するので、私の番と思ってもなかなか発言できなかった。もっと積極的にと促されても、誰かが話している最中に割り込むような話し方には慣れておらず、一区切りまで待っていたら機会を逃すというのを繰り返した。放送時間は一時間だが、実際の収録は昼食を挟み五時間ほどかかった。毎回終わるとへとへとだった。

当日の出演だけでなく、台本作りにも毎回参加した。次回のテーマに関する質問をシナリオ作家が送ってきたらそれに回答し、シナリオ作家がおもしろいと思った部分をさらに詳しく聞いてきたり、日本関連部分の資料を求められて送ったり、という作業だ。討論は韓国語だったので、毎回そのテーマに関わる単語に慣れようと本や記事を探して読んだりもした。

八回のうち、私の発言が最も多く放映されたのはやはり歴史問題の回だった。光復節(解放記念日)の八月一五日前後に放送され、慰安婦問題が中心になった。慰安婦問題をめぐっては日韓両国が対立する要因になっているが、私は個人的には戦時下の人権問題として日本人でも韓国人でもその被害について学び、世界のどこかで二度と同じような悲劇を繰り返さない努力をすべき問題だと思っている。

出演前、シナリオ作家から歴史問題にまつわる何かを身につけて出演してほしいと言われた。私は元慰安婦のハルモニたちの象徴となっている蝶のバッジをつけて出るのはどうか、と提案した。ところが、シナリオ作家は「それは韓国人がつけるもので、彩さんは日本人だから原爆関連とか、何かないですか？」と聞かれた。

原爆に関する物で身につける物が思いつかなかったのもあるが、韓国の番組に出て原爆被害国を主張する気にはならなかった。日本人だから蝶のバッジをつけられないというのにも納得がいかなかった。言いなりにはならず、蝶のバッジをつけて出た。メディアが作り出すフレームに安易に乗らないというのは、フリーランスで活動する記者として大事なポイントだと思っている。

原爆に関して日本対米国の問題と捉えている人は日本ではあまりいないと思う。多くの人は核と平和の問題として全世界で共に考えるべき問題と捉えているのではなかろうか。日韓の歴史問題についても、日韓の市民が共に考えるべき問題だと思うが、それを難しくしているのは何か、考えさせられる一件だった。

「忖度」と表現の不自由展

国際芸術祭「あいちトリエンナーレ2019」で慰安婦被害者を象徴する「平和の少女像」などの展示をめぐって中止となっていた企画展「表現の不自由展・その後」が、二〇一九年一〇月、再開した。この企画展はもともと二〇一九年八月一日から一〇月一四日まで開かれる予定だった。

日韓関係が急速に悪化するなかで展示中止となり、日本でも韓国でも大きく報じられた。だが、これは日韓関係だけでなく、表現の自由を脅かす深刻な問題でもあった。「平和の少女像」が注目を浴びたが、「表現の不自由展」に出品されたその他の作品も見られなくなった。そもそも表現の場を奪われた作品を集め、表現の自由について考えようという趣旨の企画展だったのに、開幕三日で中止となったのだ。

「あいちトリエンナーレ」の閉幕が近づくなか、展示再開を求める声が高まり、閉ざされた展示場の扉には、市民らの「もう一度見たい！」などと書かれた付箋がたくさん貼られた。

そんな中、名古屋テレビの記者と撮影チームが韓国へやってきた。「平和の少女像」の作家、キム・ソギョン、キム・ウンソン夫妻のインタビューのためだ。名古屋テレビの記者は、私の朝日新聞の同期だ。名古屋テレビはテレビ朝日系列の放送局で、彼女は当時出向していた。

その数カ月前には個人的に韓国に遊びに来て、東大門でショッピングした後、屋台でチヂミとマッコリを共に楽しんだ同期だが、急な連絡で「少女像の作家にインタビューできることになって、通訳をお願いしたい」と言ってきた。インタビューの約束は秋夕の連休直前で、すでに日本へ戻る航空券を買っていたので少し悩んだ。でも、テーマが表現の自由だ。文章を書くことを仕事にしている私の問題でもあると思い直し、航空券をキャンセルして通訳することにした。

この頃の日本の放送局は、韓国の反日現象を報道し、日本の嫌韓ムードを刺激していた。このため、「あいちトリエンナーレ」の問題も、表現の自由を守ろうという観点で報じる放送局はほとんどないようだった。

同期は「東京のキー局で扱うのは難しい。名古屋テレビは地方の放送局で、現場でもあるから、まだ可能性がある」と話していた。キー局で難しい理由は「慰安婦問題だから」

だと言う。

私は朝日新聞に九年近く勤めたが、政府の直接的な圧力を感じたことはなかった。放送局は少し違うかもしれないが、圧力を受けてというよりも、自ら政府が求める方へ合わせているような気がする。

李明博大統領や朴槿恵大統領の政権下、韓国の放送局KBSやMBCなどの報道に政府が介入するのをドキュメンタリー映画『共犯者たち』(二〇一七、チェ・スンホ監督)で見た。プロデューサーや記者たちが介入に抗議し、そのため解雇されたという事実に驚いた。日本では政府の直接的介入がなくてもおとなしく従うのに、韓国では民主化を経て言論の自由を獲得した歴史があるからだろうか、今でも激しい攻防が見られる。

日本には「忖度」という言葉があるが、数年前から突然よく使われるようになった。辞書的な意味は「他人の心中をおしはかること」だ。「忖度」という言葉が特に注目を浴びたのは、二〇一七年だ。当時、「森友・加計問題」と呼ばれる安倍晋三首相(当時)にまつわる疑惑が大々的に報じられていた。首相夫妻の公私混同と見える疑惑だった。安倍首相や昭恵夫人の直接的な指示はなかったと言うが、意向をくんで周りが動いたという意味で「忖度」という言葉が頻繁に使われるようになった。

私が見るところ、多くの放送局も忖度しているようだ。反日や嫌韓など、安倍政権が好みそうな内容を忖度して放送していたように見えた。もちろん視聴率のためというのはあるが、少なくとも安倍政権が嫌がるような報道には消極的だった。

こういった難しい状況で、同期は果敢にインタビューをしにやってきた。キム・ソギョン、キム・ウンソン夫妻は名古屋テレビのチームを温かく迎えてくれた。情熱的なインタビューは三時間以上にわたった。通訳としては集中力の限界を感じたが、作家夫妻の言葉を日本へ伝えねばという使命感でがんばった。全国ニュースでなかったのは惜しいが、作家夫妻のインタビューは無事放送され、「表現者の心情をよく伝えてくれた」と好評を得た。

作家夫妻によると、「平和の少女像」が生まれた背景には日本政府の存在がある。もともと注文を受けたのは、石碑のデザインだった。二〇一一年、ソウルの日本大使館前で慰安婦問題の解決を求める「水曜集会」の一千回記念として作る石碑だった。ところが、その石碑を作る前から日本政府が圧力をかけ始めたのだ。「我々が我々の土地に我々の心を込めた石碑を作るのに、なぜ日本政府が干渉してくるのか?」と、作家夫婦は怒りを感じたという。

被害者は今は高齢だが、被害当時は少女や若い女性が多かった。その被害の悲惨さを伝えるため、少女像を作ったのだという。「日本政府の圧力がなければ石碑を作って終わりだったかもしれない」と打ち明けた。

少女像が増えていくきっかけも日本政府が作った。二〇一五年、慰安婦問題日韓合意の時だ。当時の岸田文雄外相は日本大使館前の少女像について「適切に移設されるものと認識している」と述べた。日本政府としては、慰安婦問題の解決というのは「これ以上被害について主張しないこと」を意味するようだ。合意の核心は「心からのおわびと反省の気持ち」を伝えることであったはずだが、その直後に少女像について言及したことで、韓国側では心からのおわびと反省でないと受け取られた。

作家夫妻は少女像に平和への願いも込めた。日本で似たような存在を考えてみると、広島の原爆ドームが挙げられるのではないだろうか。原爆の被害の悲惨さを伝えながら、平和を願う象徴的な存在だ。それを原爆を投下した米国が「原爆ドームを撤去してほしい」などと言えば、日本の人たちは受け入れられるだろうか。

少女像については、作家の意図とは違い、反日の象徴のように見る人も多い。日本では多くの人がその実物を見ることなく、報道を通してそう感じているだろう。だからこそ、「あいちトリエンナーレ」での展示は少女像が実際にどういうもので、作家がどういう意味を込めて作ったのかを知る貴重な機会だった。作家夫妻も「批判も含め、日本の人たちと対話したかった」と語っていた。

二〇一四年、釜山国際映画祭で釜山市が上映を止めようとしたセウォル号事故に関するドキュメンタリー映画『ダイビング・ベル　セウォル号の真実』のアン・ヘリョン監督は「釜山映画祭では、警備を強化して予定通り上映した。『あいちトリエンナーレ』でも脅迫電話などが殺到したそうだが、警備を強化して展示を続けるべきだった。あまりにも簡単にあきらめたように見える」と話した。

一方、日本では二〇一九年夏、『新聞記者』（藤井道人監督）という映画が話題になっていた。韓国の俳優シム・ウンギョンが主人公の新聞記者を演じた。原作は東京新聞の望月衣塑子記者が書いたノンフィクションだ。日本の俳優が演じてもよさそうなところ、なぜ韓国の俳優が演じたのか？　これは私の推測だが、政権を批判する記者役を演じるのは、日本の俳優や所属事務所には負担だったのではなかろうか。

『新聞記者』に出てくるいくつかの事件は実際にあった事件をモチーフにしていて、その中心には森友・加計問題がある。この映画が注目された理由もまさにそこにあった。日本では政治を素材にした映画自体珍しいが、その時の政権に批判的な映画はなおさらだ。政府が映画の制作や上映に介入するというよりは、映画会社自ら、政権が嫌がるような映画はあまり作らない。そんな中、果敢にこの素材を選んだだけでも話題になり、興行的にも成功し、日本アカデミー賞をはじめ各種映画賞を多数受賞した。

文科省は「表現の不自由展」をめぐる問題を受け、「あいちトリエンナーレ」の補助金を交付しないという方針を表明した（その後撤回し、一部交付）。表現の自由が危うい状況にありながら、多くの人は危機感すら感じていないように見える日本を見ていると、果敢に闘う韓国がうらやましく思える。

韓国で「漢字」を考える

私が初めて韓国語に興味を持ったのは、一九九四年の夏、小学生の時だった。母と兄と三人で初めて韓国を訪れた。インドや中国、台湾などアジアをよく旅して回る家族だった。済州、慶州《キョンジュ》、ソウルを一週間ほど旅する予定だった。ところが、兄がお腹が痛いと言い出し、ソウルの病院で盲腸（急性虫垂炎）と診断された。すぐに手術を受けるように言われ、そのままソウルの病院に入院した。母は兄のことで頭がいっぱいで、私は一人で病院をうろうろしながら過ごすことになった。

この時私と遊んでくれたのは、看護師のお姉さんたちだった。当時、私は韓国語がまったくできなかったが、お姉さんたちは漢字が書けたので、筆談で会話した。互いに漢字を書きながら韓国ではどう発音する、日本ではどう発音すると、教え合った。それがとても楽しく、いつか韓国語をちゃんと学んでみたいと漠然と考えるようになった。大学に入学し、一年休学してソウルの高麗《コリョ》大学の語学堂に留学したのは二〇〇二年のことだ。

九四年の旅行中、北朝鮮の金日成《キムイルソン》主席が亡くなった。私は当時金日成についてよく知らなかったが、大変なニュースらしいことは、売店に並ぶ韓国の新聞の見出しを見て感じた。漢字で「金日成」と大きく出ていたのを覚えている。

看護師との筆談、そして金日成死去を報じた新聞から、私は「韓国も日本と同じように漢字を使う国」というイメージを持っていた。ところが、二〇〇二年に留学した時には、新聞から漢字がほとんどなくなっていて、若い世代は漢字をよく知らないと聞き、驚いた。

漢字を知れば、日本語や中国語を学ぶのに役立つだけでなく、韓国語そのものがハングルで書いても実は漢字で書ける単語が多く、漢字を知ることで韓国語の正確な意味を理解できる面もある。なぜ漢字を使わなくなったのだろう。

そんな疑問について考えるきっかけになったのは、二〇一九年に慶州で開かれた「第五回世界ハングル作家大会」の時だった。発表者として招待の連絡を受け、会場が「慶州」と聞いて即、参加すると答えたものの、外国人の私がハングルの専門家たちの前で何を話せばいいのか悩んだ。幸い、主催側から『マルモイ　ことばあつめ』（二〇一九）と『王の願い　ハングルの始まり』（二〇一九）の二本の映画について話すのはどうかと提案をもらった。いずれもハングルに関する映画で、個人的にも興味深く見た映画だった。

『マルモイ』は朝鮮語の使用が禁じられ、日本語の使用を強要された日本植民地下の一九四〇年代に、朝鮮語辞典を作ろうと力を合わせた朝鮮語学会メンバーと庶民の物語だ。一方、『王の願い』はハングルを作った世宗《セジョン》大王と僧侶の物語で、いずれも歴史的事実を素材にしながら、フィクションの部分も多い。私のような外国人にはどこからどこまでが史実なのか分からず、発表の準備を進めながら調べた。

『王の願い』は、「訓民正音（ハングル）は完成時点についての記録があるのみで、いつどう始まったのかという記録はない。世宗が訓民正音を創製した瞬間が偉大な理由とその過程を具体的に描いてみたかった」と、チョ・チョルヒョン監督が語ったように、記録にはないが、こうやって作られたのではなかろうかという一つの可能性を見せる映画だ。

一方、『マルモイ』は、ユ・ヘジン演じる主人公のキム・パンスは架空の人物だが、朝鮮語学会は実在し、一九四二年に日本が朝鮮語学会のメンバーや関係者を検挙し、投獄した事件がモチーフになっている。

ところで、私はハングルに関する二本の映画を見て発表の準備をしながら、むしろ漢字について考えた。きっかけは二つの場面だ。

『王の願い』で、ソン・ガンホ演じる世宗大王が漢字で書かれた本を捨てながら「庶民には伝わらない」と嘆く場面があったが、これは漢字は庶民が学ぶには難しく、世宗大王が庶民のための文字としてハングルを作ろうとした動機を表現した部分だ。映画の中では、漢字を使う儒学者たちがハングルを作ろうとする世宗大王と対立する。既得権者の文字（漢字）と庶民の文字（ハングル）の対比が明確だった。

もう一つは『マルモイ』でキム・パンスが映画館の看板が「大東亜劇場」に変わるのを見てため息をつく場面だ。ハングルではない漢字で書かれた看板だった。朝鮮語が禁じられ、日本語を強要されたことを象徴する場面だったと思う。この場面を見て、韓国の人にとって漢字は中国だけでなく日本を想起させる文字でもあるのだと感じた。

日本語のひらがなやカタカナは漢字から派生した文字で、これは世宗大王がハングルを作ったように科学的に作ったわけでなく、自然にできた文字なので、いつ誰が作ったとは言えない。平安時代に使われだしたとされるが、日本ではひらがな、カタカナを使うようになっても、現在も漢字を使い続けている。漢字が中国から入ってきたことは誰もが知っているが、だからといって漢字が日本語でないと思う人はいないだろう。漢字も日本語の一部だ。

漢字に対する韓国の視線は、韓国語を「ウリマル（私たちの言葉）」と呼ぶ文化、世宗大王が庶民のためにハングルを作った経緯、そして日本植民地時代に日本語を強要された経験によるものではないだろうか。

二本の映画を見て考えたこのような話を「世界ハングル作家大会」で発表した。日本人が韓国でこういう類の話をするのは気が引ける部分もあったが、漢字を尊重することはハングルを尊重することと何も矛盾しないという考えを伝えたかった。発表が終わると「私は漢字は当然韓国語の一部だと思っている。漢字を知らなければ韓国語を理解するのに限界がある」と声をかけてくれる人もいた。

私も韓国の人に負けないぐらいハングルが好きだ。だけども、「ハングルが世界で最も優れた文字」と評価するだけでなく、韓国語としての漢字とハングルに関する国内外の多様な視線を共に語り合える場も必要だと思う。

K-POPブームを見つめる別の視線

二〇一九年、過去最悪の日韓関係と言われるなかでも、第三次韓流ブームは冷めなかった。東京の新大久保や大阪の鶴橋にあるコリアタウンは、一〇～二〇代の若い女性たちでにぎわっていた。

二〇一二年の李明博大統領竹島上陸をきっかけに、第二次韓流ブームは急速に冷え込んだが、第三次以降は政治的な影響をあまり受けなくなったようだ。

日本の新聞やテレビを見れば、実際以上に日韓関係の悪化を強調しているように感じるが、スマートフォンで情報を得て、新聞やテレビをあまり見ない若い世代は、両国の関係が良かろうが悪かろうが、あまり関心がないのかもしれない。

新大久保の韓国式焼肉店に行ってみると、平日にもかかわらず満席だった。韓国で食べるのと変わらないおいしさだ。日本人の客もみんな慣れた手つきで肉をサンチュで包んで食べていた。焼肉店の隣にはK-POPの公演を毎日開いているライブハウスがあり、公演を終えたグループが焼肉店に入ってきた。特別有名なグループではなかったが、女性ファンたちが話しかけたり、一緒に写真を撮ったり、盛り上がっていた。

週末の新大久保は足の踏み場もないほどにぎわう。ある飲食店の店主は「新大久保で成功すれば、恐いくらい人が集まる」と言う。新大久保で爆発的にヒットした代表メニューの一つはチーズタッカルビとチーズホットドッグだ。いつからか韓国に遊びに来る友人たちが口をそろえて「チーズタッカルビが食べたい」と言うようになった。韓国ではタッカルビの店にチーズ入りのメニューがあることもある、という程度なので不思議に思ったが、新大久保発の流行だったと後で分かった。おそらく辛いのが苦手な日本の人にとってチーズが入ると辛みが抑えられ、何よりのびるチーズのビジュアルがインスタ映えするからだろう。

チーズタッカルビに続いて流行ったチーズホットドッグに至っては、もはや韓国の食べ物なのか分からないが、やはりのびるチーズの写真をインスタにアップするのが人気だ。

朝日新聞東京本社に所属していた二〇一五～二〇一六年ごろ、韓国料理を食べに何度も新大久保へ行ったが、当時は人通りが少なかった。韓国料理の人気が高まったのは、第三次韓流ブームの盛り上がりと重なる。ブームの中心はK-POPだが、K-POPをきっかけに韓国料理に興味を持つ人も少なくない。日本で公演した人気アイドルが新大久保のどこの店で食べたという噂が広まれば、その店は一年以上売り上げの心配をしなくていいほどだという。好きなアイドルと同じ店で同じメニューを食べたいファン心理のためだ。

新大久保に客足が戻ってきたのは、二〇一六年に「ヘイトスピーチ解消法」が施行された影響もある。特定の民族や国籍の人々を排斥する差別的言動を抑制・解消することを目的に作られた法律だ。新大久保から一時客足が遠のいていた理由の一つはヘイトスピーチだった。主に在日コリアンを標的に「死ね」「日本から出ていけ」などの暴言を吐きながら歩くヘイトスピーチは、新大久保や鶴橋で繰り返されたが、解消法施行後は減ったようだ。

鶴橋にも行ってみたが、鶴橋駅前に韓国の食材や衣類、寝具などを売る市場があり、駅から一五分ほど歩いたところにコリアタウンがある。駅からコリアタウンまでの道にもアイドルのグッズショップが並び、ＴＷＩＣＥのカレンダーやＢＴＳのポスターなどを売っていた。新大久保同様、週末は若い女性でいっぱいだという。

一緒に行った友達は第一次韓流ブームの時にドラマを見てイ・ビョンホンのファンになり、今はＫ－ＰＯＰファンだ。鶴橋のＫ－ＰＯＰカフェに入ってみると、壁中にアイドルのポスターが貼ってあり、テレビではＫ－ＰＯＰ番組が流れていた。店員に好きなアイドルの名前と自分の名前を伝えると、ケーキのお皿にハングルで二人の名前を書いてくれるという。これをインスタにアップすると、また来店客が増えるのだろう。友達はケーキセットを注文し、TWICEのサナが好きだと伝えた。同じ大阪出身なので応援しているという。

韓国の芸能関係者によると、日本ほどアイドルグッズがよく売れる国はないという。鶴橋で最も目に入ってきたのは、「BT21」のグッズだった。BTSとLINE FRIENDSのコラボキャラクターで、BTS人気と共に日本でもヒットした。韓国に暮らす私も、ぬいぐるみや文具などこんなにたくさんのBTS関連グッズがあるとは知らなかった。

新大久保から広まったチーズホットドッグの店も、鶴橋周辺だけで一〇店舗以上できていた。週末には行列ができるという。店の名前には「弘大」「明洞」など日本の観光客がよく訪れるソウルの地名が入っていた。ソウルでも流行っていると錯覚するわけだ。

ところが、こういった現象を「中高生の間で韓国文化が人気」と、NHKの「あさイチ」で報道すると、非難の声が上がったという。「うちの子は韓国好きじゃない」などといった反応だ。

日本の年配の人の中には韓国を嫌う人がいるのも事実だが、私の周りだけでも、韓国文化に関心のある中高生は確かに多い。小学生の間でもK-POPが人気で、給食の時間にTWICEの曲が、それも日本語でなく韓国語オリジナルバージョンで流れ、それを小学生たちが韓国語で口ずさんでいるという。韓国語を勉強したいという小学生の娘と共にNHKのハングル講座を一緒に見るようになったという友達もいる。中高生の間では、ハングルでLINEのメッセージを送るのも流行っている。

政治的な日韓関係とは関係なく、K-POPや韓国料理、ハングルなどに関心を持つのはいいと思う。一方で、両国の歴史にほとんど関心がない若者が多いというのは、それでいいのかなとも思う。

もともとコリアタウンには在日コリアンが多く暮らし、今のような韓流タウンのようになってきたのは二〇〇〇年代に入ってからだ。鶴橋がある大阪市生野区で生まれ、現在も暮らしている呉光現《オグァンヒョン》さんによれば、今コリアタウンと呼ばれている地域はもともと「朝鮮市場」と呼ばれていたという。呉さんは「特に年末にはお正月向けの食材や餅を買いに全国の在日が買いに来た」と話す。

二〇〇〇年代に入って、ドラマ『冬のソナタ』のヨン様ブームをきっかけに韓流タウンに変わり始めた。呉さんは「活気が出るのはいいけど、若い人たちが歴史を全然知らなくて驚くこともある」と言う。コリアタウンにやって来た若い女性が「韓国人になりたい」と言うのを聞いた呉さんは「日本社会の差別と闘ってきた在日としては正直、複雑な心情」と打ち明けた。

呉さんはそんな状況を少しでも変えたいという思いで、歴史を学ぶツアーを企画した。

「日本の若い人たちが、在日の歴史も知って、コリアタウンを楽しんでくれたら、なおうれしい」と語った。

三　出会いと発見

「コプチャンチョンゴル」韓国デビュー二〇周年

韓国在住の日本人のグループはたくさんあるが、出身地別というのもある。私は本来なら大阪出身または高知出身に属するのだが、神戸出身者の集まりに誘われて参加したことがある。二〇一八年の年末だった。大学が神戸だったというのもあり、その集まりの常連の方に連れていってもらった。

会場のレストランに着くと、見覚えのある顔があった。迫力ある髪型とよく通る大きな声。「あ、コプチャンチョンゴルの佐藤行衛さん!」と気付いた。コプチャンチョンゴルは、主に韓国で活動している日本人のロックバンドだ。韓国で活動する日本人アーティストとしては先駆的な存在で、一度お話をうかがいたいと思っていた。

ちなみに、コプチャンチョンゴルというのは韓国のもつ鍋のことだ。この変わったグループ名のおかげもあって、韓国ではよく知られたバンドで、私も韓国のテレビや新聞を通して知っていた。佐藤さんは韓国の音楽に詳しいだけでなく、食についても専門家で

『韓式B級グルメ大全』（コモンズ）という著書があるほどだ。

佐藤さんも神戸出身ではないが、佐藤さんのファンクラブの会長が神戸出身者の集まりの主要メンバーという関係で、たまに参加するのだという。この日もギターを片手に歌を披露してくれた。その時、佐藤さんは「二〇一九年はコプチャンチョンゴルの韓国デビュー二〇周年。来年は本格的に活動する計画なので期待してください」とあいさつした。それを聞き、デビュー二〇周年に合わせてインタビューしたいな、とぼんやり考えてはいたものの、あっという間に時は流れ、二〇一九年の年の瀬。知人から「弘大でこんなのあるけど、行かない？」と誘ってもらったのが、佐藤さんのコンサートだった。

小さな地下のライブカフェで、世界のビールを飲みながらこの年最後の公演を楽しんだ。演奏が終わると佐藤さんも一緒に飲み始めたので、何気なく「二〇周年はどうでした？」と聞いてみた。すると佐藤さんは「大変だったよ」と、大きくため息をついた。続けて、「日韓関係でこんなに影響を受けたのは二〇年もやってて初めて」と言った。この年の七月、日本政府が韓国への輸出規制を発表し、韓国では日本製品不買運動がわき起こった。日本人の佐藤さんはそれに巻き込まれたのだ。

後日、正式にインタビューを申し込み、ソウルの弘大にある佐藤さんの自宅にうかがった。

佐藤さんが初めて韓国を訪れたのは一九九五年。この時に韓国の音楽と食べ物にはまったという。韓国での日本人による音楽活動は、当時は規制が厳しく大変だった。日本人が韓国でアルバムを出すこと自体が難しく、「日本」が見えない工夫をせざるを得なかった。アルバムの表紙からメンバーの写真を外し、佐藤さんが作詞作曲した曲でも韓国人マネージャーの作詞作曲ということで名前を表記した。

日本の映画、音楽など大衆文化が韓国で段階的に開放され始めたのは一九九八年からだ。コプチャンチョンゴルはその頃デビューしたので、その変化を実感しながら活動を広げてきたという。

佐藤さんは二〇〇五年に韓国人女性と結婚し、韓国で暮らしているが、他のバンドメンバーは日本に住んでいる。このため、普段はソロで「佐藤行衛」として活動することが多い。それが、日本製品不買運動に巻き込まれた原因だ。二〇一九年に予定されていたコンサートのうち、何人かのアーティストが出演予定だったなかで佐藤さんだけがキャンセルになることが相次いだ。「たぶん主催側は良かれと思って僕を呼んでくれたんだろうけど、ポスターやチラシを見て『なんで日本人が出るんだ』とクレームをつける人がいたんだと思う」と、佐藤さん。二〇周年のタイミングで発売予定だったコプチャンチョンゴル五枚目のアルバムも延期せざるを得なかった。

日本にいると、日本製品不買運動について実感があまりないかもしれないが、韓国在住の日本人にとってはこれまでの日韓関係悪化とはレベルの違う居心地の悪さを感じるものだった。佐藤さんのようにまともに影響を受けた人も少なくない。佐藤さんが住む弘大かいわいは日本食のお店が多い地域で、特に打撃が大きかった。韓国人であれ、日本人であれ、日韓に関わって活動する人たちが政治的な理由で被害を受けるのは本当に理不尽だと思う。

韓国の音楽と食に魅せられ、長年韓国で暮らしてきた佐藤さんのような人がなぜ日本人というだけで不買運動の対象になるのかと、私の方が悔しい気持ちになるが、当の本人はポジティブだ。「でもね、そうやって僕の演奏がキャンセルになったのを知って、あえて僕を呼んでくれるような温かい韓国の人たちもいるんだよ。今の日本の若い世代はK-POPが大好きだし、この世代が大人になった頃には変わるよ」。

大らかな佐藤さんに接していると、ケンチャナヨ（大丈夫）という気持ちにもなってくるが、やっぱり韓国の人たちには不買運動の結果傷つく人たちの存在にも気付いてほしいと思う。その原因が日本政府にあったとしても、だ。

二〇二〇年には佐藤さんと一緒に済州島の魅力を語る機会があった。韓国観光公社福岡支社の公式ユーチューブで生配信ということで、再び佐藤さんのお宅にうかがって、私は主に済州島の映画やドラマのロケ地について、佐藤さんは済州島に隣接する牛島《ウド》について語った。打ち上げで牛島直送のサザエを食べながら話を聞くと、不買運動から回復しないうちにコロナ禍で公演ができず、厳しい状況が続いていると話していた。「でも、韓国はちゃんと防疫に力を入れてるから、感染者が少ないのは本当にありがたい」と佐藤さん。どんな時もポジティブな佐藤さんと、この日の配信の様子を撮影してくれたアン・ヘリョン監督と共に、二次会は済州の黒豚を食べようと夜の合井《ハプチョン》へ繰り出した。

「勝手に韓国広報課」で活動

二〇二〇年、日韓の民間人四人で「勝手に韓国広報課」の活動をスタートした。二〇一九年に日本政府が韓国への輸出規制を発表して以来、韓国では反日感情が高まり、日韓の交流行事も相次いでキャンセルとなった。特に日韓の自治体が主催する行事は、韓国側からのキャンセルが多かった。積み重ねてきたものが水の泡となり、日韓交流に携わってきた人のなかには、私に電話をかけてきて、その悔しさを吐露する人もいた。

とはいえ、落胆しているだけでは何も変わらない。「民間の力で交流を続けよう」と声をかけてくれたのは、仁川と日本や中国の交流に力を注いできた、国際文化観光交流協会会長の韓重澤《ハンジュンテク》さん。韓さんと、韓さんの声かけに応じた三人の計四人で「勝手に韓国広報課」を立ち上げることになった。メンバーは韓さんと私のほか、仁川広域市観光広報大使（当時）のよすみまりさん、飲食関連の記事を書くフードライターのパク・スジンさん。韓国人二人、日本人二人という構成だ。勝手に課を作ったからには肩書も勝手に付けようと、年齢の若い順にスジン課長、彩代理、まり主任、韓インターンということにした。

私とスジン課長は、二〇一八年から韓国の地方をめぐって映画やドラマのロケ地、地方の食の取材を一緒にやってきた。韓インターンとまり主任とは、日韓関連のイベントでたびたび顔を合わせ、共に仕事をする機会もあった公私ともに顔なじみのメンバーだ。

勝手に韓国を広報するというのは、では具体的にどんな活動をするのかというと、日本全国四七都道府県を回り、韓国の地方の魅力について紹介するイベント「DOKOIKU?」を開くことをメインに考えた。スジン課長と取材した地方は群山《グンサン》、全州、堤川、釜山、大田《テジョン》、仁川など。仁川で生まれ育って今も仁川在住の韓インターンと、仁川が大好きで通い詰めるまり主任は仁川及びその周辺の京畿道の広報活動をやってきた。これまでの取材内容を生かしつつ、並行して取材も続けて、韓国の地方についてプレゼンをするイベントを開こうと考えた。インターネットで検索すれば韓国の地方の情報もたくさん出てくるが、実際に行った人や地元の人の生の声を届けたいという思いと、何よりも、交流の場を作りたかった。

二カ月に一回、二カ所ずつ回れば一年で一二カ所、四七都道府県を回るには四年かかる計算になる。韓国の広報イベントは東京や大阪などの大都市で開かれることが多く、地方に住む人たちは関心があってもなかなか参加できなかった。それなら私たちの方から行こう、というのが公式の理由だが、何よりメンバー四人とも「四七都道府県を回ってみたい」というのが大きかった。ゆくゆくは逆に日本の地方の魅力を韓国へ発信することもやっていきたい、と考えていた。

まずは二〇二二年二月に東京と神奈川からスタートすべく、クラウドファンディングを始め、開始五日で目標の二五万円を上回り、最終的には一〇五人から三七万五千円の支援金をいただいた。日韓関係が悪くても、いや、むしろ悪いからこそ、応援しようという人がたくさんいたのかもしれない。「趣旨がいい」と言って一人で数万円寄付してくれた人もいた。

予定通り二月に東京と神奈川で「DOKOIKU?」を開いた。神奈川は横浜ではなく、湘南で開いた。まり主任の地元だからだ。

二〇二〇年の年明け、父や兄が暮らす高知へ新年のあいさつに行った時、父は私が「勝手に韓国広報課」の活動を始めたことを知って、知人ら一五人ほどを集めてくれて、私が広報する時間を設けてくれた。そのなかにはすでにクラウドファンディングを通して支援してくれた人もいた。地元の新聞記者も来て、インタビューもしてもらった。

特に準備をして行ったわけではなかったが、参加者からの質問は途切れることなく、時間はあっという間に過ぎた。その日はちょうど『パラサイト』が高知で公開される前日で、韓国映画に関する質問が多かったのもうれしかった。特に『タクシー運転手　約束は海を越えて』や『1987、ある闘いの真実』などの映画がおもしろかったと言い、「ろうそく集会で政権を倒す韓国の市民のエネルギーはすごい」と感嘆していた。私が高知に暮らしていた一九九〇年代には韓国映画の上映などほぼなかったと思う。そのくらい韓国への関心は薄かった。やっぱり文化の力だ。文化の力で国境を超えて人々はつながれる。そう確信できる時間だった。

二〇二〇年二月に本格的にスタートした「勝手に韓国広報課」の活動だが、コロナの影響で四、六月と予定していた鳥取、島根、福岡、長崎のイベントは無期延期となり、九月から年末にかけてはオンラインで活動した。「DOKOIKU?　オンラインツアーin仁川」として、東京の旅行会社の協力も得て、仁川と日本にまつわる歴史、仁川のロケ地やグルメ、医療観光など様々な角度からメンバーが交代でZoomを使って講演した。名残惜しい気持ちもあって、全八回が終わった後、別に日を設けてオンライン忘年会も開いた。参加者にも自己紹介や韓国とのつながりなどを自由に語ってもらう時間を作ると、みんな語りたいことがいっぱいだったようで、予定時間を大幅にオーバーしてしまった。コロナでなければオンラインで忘年会を開くこともなかったが、オンラインだからこそ全国の韓国に関心のある人たちが一緒に語り合える場になった。もちろん韓国のメンバーも一緒に参加し、来年は行きたいね、会いたいねと言い合うだけでも、互いの励みになるような気がした。

スタートした初年度からコロナという思いもよらぬ障害に阻まれたが、民間の力で交流を続けるという熱意が、ささやかでも確かな形になったことを実感できた。

尹東柱《ユンドンジュ》の「序詩」と茨木のり子

二〇一七年は詩人尹東柱の生誕一〇〇年の年だった。誕生日の一二月三〇日に合わせ、中国の延辺朝鮮族自治州にある明東村《ミョンドン》を訪れた。尹の故郷であり、生家やお墓がある場所だ。尹は明東村で生まれ、平壌《ピョンヤン》や京城（現・ソウル）で学んだ後、日本へ留学した。

私は中国へ行くのはこの時が初めてだった。中国語はまったく話せず、空港で入国審査を受ける時から不安を感じ始めた。意思疎通がうまくできないからだ。延辺までバスで五時間ほど揺られる間、「少しぐらい中国語を勉強すれば良かった」と後悔していた。ところが、延辺の市内に入ると、ハングルで書かれた看板が見えてきた。急に心が軽くなり、言語が与える心理的影響がいかに大きいのかを実感した。

尹は韓国の詩人の中で日本で最もよく知られ、ファンも多い。私もファンの一人だが、尹について詳しく知るようになったのは、京都の同志社大学に詩碑があることを知ってからだ。尹は同志社大学留学中の一九四三年、治安維持法違反の疑いで逮捕された。一九四五年に福岡刑務所で獄死してから五〇年を経た九五年、同志社大学の在日コリアンの卒業生たちが中心になり、詩碑を建てた。この詩碑を訪れる韓国からの旅行客もいると聞き、行ってみると、本当に一〇〜二〇代の若い旅行客が来ていて、花や手紙をたむける様子が見られた。

当時、朝日新聞で「京ものがたり」という京都の隠れた名所を紹介する企画記事を担当していて、二〇一五年二月、尹の七〇周忌に合わせて詩碑を紹介した。取材をしながら韓国だけでなく日本にも熱いファンたちがいることを知った。

生誕一〇〇年の二〇一七年には、尹が同志社大学の友人らと遊びに行った宇治川の近くにも新たな詩碑が建てられた。彼の最後の写真が撮影された場所として、詩碑を建てるために日本のファンたちが募金を集めたという。

このように日本人が尹に心惹かれるのは、もちろん作品の魅力のためだが、彼の悲劇的な人生も影響していると思う。日本で尹を広く知らしめたのは、詩人の茨木のり子だ。『ハングルへの旅』(朝日新聞出版)という著書に尹の詩と彼の人生についてのエッセイを書いた。このエッセイが高校の教科書に載り、九〇年から少なくとも七七万部は出版されたという。七七万人が、高校時代に尹に出会っているのだ。

同志社大学の詩碑も、このエッセイに登場する詩も、尹の代表作「序詩」だ。もちろん

日本語に翻訳された詩だが、いずれも「모든 죽어가는 것을 사랑해야지（すべての死にゆくものを愛さねば）」の部分が「生きとし生けるものをいとおしまねば」という日本語になっている。翻訳者はそれなりの根拠を持って翻訳したというが、日本国内でも適切な訳ではないという指摘はある。私は詩碑の記事を書きながら、この日本語訳をそのまま掲載するのはよくないと思い、原語の意味も一緒に伝えた。

私には「すべての死にゆくもの」の一つが「朝鮮語」を意味していたように思える。朝鮮語の使用を禁じられた時代に、尹は朝鮮語で詩を書き続けた。「序詩」は「すべての死にゆくものを愛さねば」の後、「그리고 나한테 주어진 길을 걸어가야겠다（そして私に与えられた道を歩みゆかねば）」と続く。朝鮮語を愛し、朝鮮語で詩を書き続けたこととつながるように感じる。韓国で「抵抗詩人」と呼ばれる所以である。だからこそ、日本の読者は詩の正確な意味を知る必要があると思った。

自国の言語を奪われたことのない日本人には、その痛みは簡単には理解できないかもしれない。それを私は尹を通して知り、明東村の尹のお墓を前に誓った。あなたの詩の精神を忘れず、私に与えられた道を歩みます、と。

二〇一九年の命日には、同志社大学の追悼行事に参加した。詩碑のそばには韓国の国花ムグンファ（ムクゲ）、北朝鮮を象徴するツツジ、そして同志社大学創立者新島襄が愛した梅の木が植わっている。日本人、韓国人、在日コリアンらが集まって詩碑に花を供えた。同志社大学だけでなく、その前に尹が留学した東京の立教大学、福岡刑務所の跡地近辺でも毎年追悼行事が開かれている。

二〇一九年は、韓国からの団体が、福岡、京都、東京の三カ所を追悼に訪れた。三カ所を回りながら、地元の人たちとも交流する企画だった。私は企画段階から携わり、通訳・翻訳も兼ねて参加した。日本で毎年尹の追悼行事が開かれていることは、韓国ではあまり知られていないが、二七歳という若さで亡くなった尹を悼むのは、日本の植民地支配や戦争責任を考える時間でもある。

この企画の中で、大阪では交流会も開かれた。駐大阪韓国総領事館と韓国の散文作家協会が主催し、尹だけでなく、茨木のり子も一緒に追悼するもので、韓国からの一行と、関西の尹東柱ファンの集まり「尹東柱とわたしたちの会」のメンバーらが交流した。

交流会に東京からゲストとして参加した在日コリアンの作家、徐京植《ソキョンシク》氏は、尹と茨木について「二人は会えなかった恋人のような関係」と話した。茨木が尹のことを知るのは、尹が獄死した後のことだ。尹の詩集『空と風と星と詩』が出版されたのが彼の死後なので、当然と言えば当然だ。ところが、茨木のエッセイを読めば、尹に恋心を抱いているように感じられる。

エッセイが載った教科書を出版する筑摩書房の当時の編集者、野上龍彦氏によると、茨木自身も教科書に載るわけがないと思っていたという。日本の軍国主義の犠牲者である尹の話が教科書に載るには、文部省（当時）の検定を通らなければならないからだ。

検定を通すために尽力した野上氏は、「尹東柱詩人の人生を学ぶことは、日本の高校生にとっても生きる上で大きな力になると信じていた」と話す。当時別の教科書の検定で問題が起こり、その隙を狙ってなんとか通ったのだという。

教科書に茨木のエッセイが載ったことは、同志社での詩碑建立を進める力にもなった。同志社での追悼行事の後の講演会で、野上氏は満足そうな表情を浮かべ、「いい仕事をしたと、自負している」と話した。野上氏の講演を聴いた韓国の淑明《スンミョン》女子大学の金応教《キムウンギョ》教授は「講演内容は韓国の人たちがほとんど知らない貴重な証言だった。日本で真実を知らせようと市民らが闘い、平和への扉を開く努力をしてきたことを韓国の人たちももっと知るべきだ」と話した。

大阪での交流会に話を戻すと、徐京植氏の話を聞いていて、もしかすると茨木が韓国やハングルに関心を持ったきっかけは、徐京植氏が作ったのかもしれないと思った。徐京植氏は、徐勝《ソスン》、徐俊植《ソジュンシク》兄弟の弟だ。一九七一年、二人の兄はソウル留学中に国家保安法違反容疑で逮捕され、収監された。禁じられた朝鮮語で詩を書き続け、治安維持法違反容疑で捕まった尹にもつながる気がする。当時多くの在日コリアンの留学生が「北朝鮮のスパイ」という容疑をかけられて逮捕された。

　徐京植氏は、兄の徐俊植氏に自身が好きな茨木の詩集を送った。兄はその詩集を韓国語に翻訳し、弟に手紙で送った。徐京植氏はこの話を茨木に知らせ、二人の親交が始まる。二〇〇六年に茨木が亡くなるまで、親しい間柄だった。徐京植氏は茨木が直接書いた死亡通知書を受け取ったという。茨木は親しい人たちに死亡の日付を空欄にした死亡通知書を生前に書いていて、亡くなってから親族が日付を入れて発送したのだ。最期まで魅力的な人だったようだ。

　二〇一七年は、尹東柱生誕一〇〇周年で、韓国でたくさんの関連行事が開かれたが、その記念の年が過ぎると静かになった。むしろ日本の方が、一〇〇周年に関係なく尹の追悼を続けている。韓国から参加した人たちは、その様子に感動していた。

　実は大阪での交流会は、私が言い出しっぺだった。日韓の文化の違いもあり、実現するまでには多くの問題も起きた。当日の通訳は短い時間だったが、準備段階での度重なる通訳・翻訳に疲弊することもあった。でも、私以上に苦労した大阪側の現場担当者が、当日の交流を眺めながら、「何よりも、尹東柱詩人が天から見守りながら、喜んでいると思う」と言うのを聞き、一気に疲れが吹っ飛んだ。

慰安婦問題をめぐるバッシング

二〇二一年の釜山国際映画祭では西嶋真司監督の『標的』がワールドプレミアとして上映された。慰安婦問題に関する報道で、「標的」となってバッシングを受けた元朝日新聞記者の植村隆さんや、裁判などを通して植村さんと共闘した弁護士やジャーナリストらを描いたドキュメンタリー映画だ。釜山映画祭で上映された後、西嶋監督は韓国の「アン・ジョンピル自由言論賞」を受賞した。軍事独裁政権に果敢に立ち向かった元東亜日報記者のアン・ジョンピル氏を讃え、一九八七年に設けられた賞で、日本人の受賞は初めてという。

私は植村さんの講演を聴いたり、植村さんの著書『真実　私は「捏造記者」ではない』(岩波書店)を読んだりしていたので映画に出てくる内容はほとんど知っていることではあった。それなのに、映画の途中から涙が止まらなくなって、マスクの中が洪水のようになってしまった。自分でもなんでそんなに泣いているのか分からず驚いたが、よく考えてみると、自分がいかにこの出来事で傷ついていたのかを初めて自覚したからだった。

一九九一年に元慰安婦であることを証言した故・金学順《キムハクスン》さんの記事を書いた植村さんは「捏造記者」の汚名を着せられ、激しいバッシングの対象となった。朝日新聞は二〇一四年に慰安婦問題に関する一部の記事を虚偽と認め、取り消したが、それは植村さんの記事ではなかった。植村さんの記事に関しては「慰安婦」と「女子挺身隊」を誤用したことを認めたが、一九九一年当時韓国では「慰安婦」の意味で「女子挺身隊」という言葉を使っており、朝日新聞以外の日本のいくつかのメディアでも使っていた。ポイントは、だからといって金学順さんが慰安婦でなかったわけではないということだ。それなのに、慰安婦は存在しなかったのに朝日新聞がでっち上げたかのような勘違いをする人も多く、それが植村さんの記事がきっかけだったという誤解が広まった。慰安婦問題は日本のメディアの間でますますタブー化していった。

社内にいて、委縮した雰囲気の中、どうしたらいいのか分からない無力感を感じた。私は文化部記者だったので直接慰安婦問題に関わる取材をすることはなかったが、韓国関連の取材というだけでも気が引けるような雰囲気だった。すでに退社を考え始めていた時期ではあったが、決心を固めるきっかけの一つだった。朝日新聞の中にいながら韓国関連の報道に携わる怖さを感じた。それは自分が攻撃されることよりも、自分のせいで朝日新聞が攻撃されるかもしれない怖さだった。

植村さんは二〇一四年、朝日新聞を早期退職している。西嶋監督も『標的』を作るうえで長年所属した放送局を退社した。当初はテレビのドキュメンタリー番組を目指して撮り始めたが、企画がなかなか通らなかったという。西嶋監督は「会社に残るとすればこの番組制作はあきらめなければいけなかった。でも、このテーマは今作っておかないといけないと思った」と話す。一九八一年から勤めた福岡の放送局、ＲＫＢ毎日放送を二〇一六年に退社し、ドキュメンタリー映画として発表することにした。

西嶋監督も植村さんが金学順さんの記事を書いた一九九一年、特派員としてソウルにいた。「私も植村さんが書いたような内容を報じたし、他紙、他局も同様だった。なぜ時を経て植村さんだけがバッシングの対象になるのか」。

なぜ朝日新聞で、なぜ植村さんなのかを考えてみれば、象徴的な存在だからだと思う。朝日新聞は比較的他社よりも慰安婦問題を積極的に報じてきた。金学順さんは初めて元慰安婦であることを名乗り出て国際的に慰安婦問題が注目されるきっかけを作った。それを報じた植村さん。当時金学順さんの証言を報じた複数のメディアの複数の記者を攻撃すれば、連帯して対抗したと思うが、一社、一人に的を絞った攻撃だったということを『標的』を見ながら改めて「おかしい」と思った。

西嶋監督はソウル特派員当時は植村さんと面識がなく、バッシングの後に初めて会ったという。初対面の印象は「強い人だな」だったと言う。「あれだけのバッシングを受けながらも笑顔の植村さん。強い性格の人だと思いました」。私もまったく同じだった。私が植村さんに初めて会ったのは朝日新聞退社後、西嶋監督の前作『抗い　記録作家　林えいだい』が韓国のEBS国際ドキュメンタリー映画祭で上映された二〇一七年の夏だ。植村さんはバッシングの後、韓国のカトリック大学の招聘教授として就任し、韓国に滞在していた。バッシングの影響で、教授として就任が内定していた神戸松蔭女子学院大学は契約取り消しとなり、非常勤講師として勤めていた北星学園大学にも嫌がらせの電話や手紙が寄せられ、辞任した。一連の出来事で気が滅入っているだろうと勝手に予想していた私は、初対面でニコニコ明るい笑顔を見せながら大きな声でしゃべる植村さんを見てホッとした。多くの弁護士やジャーナリスト、日韓の市民が植村さんを応援したことも大きかったと思う。

そんな植村さんも、娘がバッシングの標的となったことに関しては耐えがたかったようだ。顔写真がインターネット上で公開され、誹謗中傷を受けた。『標的』には植村さんの娘も登場した。植村さん自身は当初娘が映画に出ることに慎重だったようだが、それもよく分かる。若いかわいらしい女の子がスクリーンに現れた時、記事を書いた記者でもなくその娘を攻撃する醜さに涙があふれた。西嶋監督は「彼女は凛《りん》としたとてもいい表情で、『私のような被害者をもう出したくない』と語ってくれた。この声をなんとか映画を通して多くの人に聞いてほしいと思った」と言う。

「アン・ジョンピル自由言論賞」という賞の名前からも分かるように、これは慰安婦問題に関する映画というよりも、言論の自由に関する映画だ。慰安婦問題に関していかに日本で言論の自由が脅かされてきたのか、日韓の多くの人に知ってほしい。

東国《トングク》大学での在日コリアン研究

二〇一七年に東国大学の修士課程（映画映像学科）に留学して、その年の九月から東国大学日本学研究所にも所属し、研究プロジェクトに参加することになった。在日コリアンに関して政治・経済、社会・教育、芸術・体育と多様な分野にわたって研究する六年間のプロジェクトだ。

研究所との縁は、東京のとある居酒屋から始まった。東京にいた頃行きつけだった居酒屋で、最初に行ったのは二〇一六年、在日の詩人金時鐘《キムシジョン》先生が、回想記『朝鮮と日本に生きる――済州島から猪飼野へ』（岩波書店）で大佛次郎賞を受賞した時、授賞式後の打ち上げだった。大佛次郎賞は朝日新聞が主催する文学賞で、私は金時鐘先生の担当として宿泊先に送り届けるまでが役割だった。

普段なら一緒に飲んで楽しむのだが、私が酔っ払ったら責任を果たせないので、この日は我慢して打ち上げを見守っていた。そこで声をかけてくれたのが、店主だった。店主も在日の方で、金時鐘先生と親しい間柄だった。私は当時、演劇・ミュージカルを担当していて、その話をすると、店主の息子も演劇俳優だという。名前を聞いたら、演劇界では知られた、私も大好きな俳優だった。

名前から在日だろうとは思っていた。所属事務所から日本名に変えるよう勧められたが、断ったらしい。記事を書く時、名前のルビはひらがなで書いてほしいと言われた。新聞では日本人の名前のルビはひらがな、外国人の名前のルビはカタカナで書くことが多いが、「日本で生まれ育ったコリアン」というアイデンティティーの表現なのかなと思った。

店主は文化全般に関心があり、上司と共に飲みに行くとお決まりのように同席し、映画や演劇の話で盛り上がった。退社し、東京を離れる前に店を訪ねると「いい仕事なのに、なんで辞めるのか理解できない」と憤慨しつつ、「ソウルに行ったらこの人に連絡したらいい」と言ってくれたメモが、東国大学日本学研究所の金煥基《キムファンギ》所長の連絡先だった。

金煥基所長は在日文学の専門家で、店主とは長い付き合いだったようだ。ソウルに着いて連絡してみると、初対面で思いがけない提案を受けた。研究所に入って、プロジェクトに参加しないか、というのだ。店主は東国大学に留学するなら、日本学研究所の所長にあいさつしておいたら、という程度で連絡先をくれたと思うが、結局、プロジェクトに合わせて渡韓したような形になった。

とはいえ私は学生の身分なので、研究の主体ではなく補助的な役割だ。新聞記者時代にも在日関連の取材をやってきたので、人的ネットワークを生かして研究所につなげたり、通訳・翻訳などを担った。プロジェクトの一環で講師をソウルに招いて講演を開くことも多く、私は監督や俳優ら、映画・演劇関係者を中心に招聘を担当してきた。研究所関係者だけでなく一般にも開かれた講演だ。コロナ禍でもオンラインで続け、話す側も聴く側も場所にとらわれず参加できるので、むしろ参加者は増えた。『かぞくのくに』（二〇一二）や『スープとイデオロギー』（二〇二二）で知られるヤン ヨンヒ監督や、元プロサッカー選手で二〇一〇年のワールドカップ南アフリカ大会に北朝鮮代表として出場した安英学《アンヨンハ》さんら、たくさんの講師にオンライン登壇してもらった。

安英学さんは国家代表としては北朝鮮で、プロとしては日本と韓国で選手生活を送ったので、三つの国の相違点などの話も興味深かった。朝鮮籍のため入国の難しい国もあったというのは、知識として知っていることではあるが、当事者の口から聞くことで、改めて深く考えるきっかけにもなる。

退社当初、家族に「一年」と言っていた留学が、どんどん延びる口実になったプロジェクトだが、二〇二三年に終了し、成果の一つとして『在日ディアスポラとグローカリズム』（全六巻）が刊行された。私もささやかながら、執筆に参加した。

李鳳宇《リボンウ》さんにもらった勇気

二〇一九年一一月には「在日コリアン映画祭」を東国大学で開いた。主催の東国大学日本学研究所の一員として、会う人会う人に宣伝したが、「在日コリアンって何？」と聞かれることも多かった。「ロッテの会長みたいな人？」と言われたこともある。ロッテの会長も確かに在日なのだが、思った以上に在日について知らない韓国の人が多いのに改めて驚いた。

「在日コリアン」という言葉が聞き慣れないのかもしれない。研究者の間では「在日朝鮮人」という言葉を使うことが多いが、韓国では一般的には「在日同胞」「在日僑胞」と言うことも多い。「在日朝鮮人」の「朝鮮」は南北分断前の朝鮮を指しているが、北朝鮮を思い浮かべる人もいるので、映画祭のタイトルとしては「在日コリアン映画祭」とした。

限られた予算のため規模としてはこぢんまりだったが、韓国では見る機会のほとんどない作品も上映した。大島渚監督の『帰って来たヨッパライ』（一九六八）だ。そのほか、大島監督の『絞死刑』（一九六八）、崔洋一監督の『月はどっちに出ている』（一九九三）、井筒和幸監督の『パッチギ！』（二〇〇五）の計四本を上映し、『月はどっちに出ている』『パッチギ！』のプロデューサー、李鳳宇さんを招いての対談も行った。対談相手には聖公会《ソンゴンフェ》大学の趙慶喜《チョキョンヒ》教授に登壇してもらい、私が進行を務めた。

李さんは、韓国映画ファンの私にとっては憧れの存在だった。李さんが代表を務めた映画会社「シネカノン」が配給した『風の丘を越えて／西便制』（一九九三）、『シュリ』（一九九九）、『ＪＳＡ』（二〇〇〇）などは、私が韓国映画にのめり込むきっかけになった作品だ。韓国の映画人の間では李さんを知る人は多いが、一般にはあまり知られておらず、映画祭をきっかけに紹介したいと思った。

李さんに初めて会ったのは、朝日新聞記者時代、「京ものがたり」という企画のインタビューだった。『パッチギ！』のロケ地にもなった京都の祇園会館にまつわるエピソードを語ってもらった。祇園会館は李さんが小中高校時代に通い詰めた映画館だ。貧しかったが、映画好きのお母さんが、映画代だけは惜しまず出してくれたという。李さんは祇園会館が「現実逃避の場だった」と話していた。

『パッチギ！』の何度見ても泣いてしまう場面の一つ、事故で亡くなった朝鮮高校生の棺桶が、家の玄関が小さすぎて通らず、壁を叩き壊す場面は、李さんのお兄さんが亡くなった時のエピソードに基づいている。お兄さんが一八歳の若さで筋ジストロフィーで亡くなった時、普段静かなお父さんが、狂ったように斧で玄関を壊し始めたという。当時幼かった李さんには衝撃的で、「今でも夢に見る」と話していた。

映画祭でも、本人の実体験を交えながら『月はどっちに出ている』や『パッチギ！』にまつわる在日の話を中心に語ってもらった。

映画祭を開いた二〇一九年秋は、日本政府による輸出規制がきっかけで韓国で日本製品不買運動が広まり、映画界にも影響が出ていた時期だった。日本映画を配給する韓国の映画会社の代表は「買い付けた作品が公開できなくなった」と嘆き、日韓合作映画のプロデューサーは「韓国側の助成がもらえなくなって、中断した」と肩を落としていた。李さんのような先駆者のおかげで日韓の作品や映画人の往来が増え、合作やリメイクが盛んになってきたのに、また日韓関係に振り回されるのかと、残念な気持ちでいっぱいだった。

だけども、李さんの話を聞いて気付いたのは、逆境の連続だったのを本人は逆境とは捉えずに常に最善を尽くしてきたということ。具体的な目標を定めたら、どうしたら実現できるかに集中し、新境地を開いてきた。あきらめない精神は、在日の経てきた歴史によるところもあるかもしれない。この日の対談で勇気をもらったのは私一人ではないと思う。

近くて近い国へ

二〇一九年九月にソウルのCOEX《コエックス》で開かれた「日韓交流おまつり」で最も目立っていたのは、「一緒に繋ごう　友情を未来へ」と書かれた横断幕だった。会場のスタッフから「一言書きませんか」と付箋とペンを渡された。よく見ると、横断幕にはたくさんの付箋が貼られていた。日本語で「日韓友達」「ずーっと仲良く！」、韓国語では「가까운 나라가 더욱 가까워지기를 바랍니다（近い国同士、より近づけることを願います）」「한・일 관계가 다시 나아지기를……！（日韓関係が再びよくなりますように……！）」などと書かれていた。日韓両国の市民たちが互いに仲良くしようと書いたメッセージだった。

日韓関係悪化によって中止になった両国の交流行事も多かったが、一五回目を迎えた「日韓交流おまつり」は予定通り開かれた。がらがらの会場を予想して行ったが、予想に反して多くの人でにぎわっていた。日本の地方自治体や企業が出したブースで、参加者たちは地方を紹介するパンフレットや特産品のプレゼントをもらい、文化体験を楽しんでいた。特に多くの人が並んでいたのは、日本酒の試飲コーナーだった。

会場の真ん中に設置された大きなステージでは、歌や伝統芸能など日韓両国の様々な公演が披露された。着物や浴衣など日本の伝統衣装を着て記念撮影をする姿も見られた。

報道だけ見れば、市民同士の交流も難しいほど日韓関係がこじれているようだったが、実際はそれほどでもないのかもしれないと感じた。

九月には横浜市立大学の学生たちがソウルに研修旅行に来る予定で、私もサポートすることになっていた。八月初め、打ち合わせも兼ねて横浜市立大学の教授がソウルへ来て会ったが、表情がとても暗かった。「研修を中止しないといけないかもしれない」と言うのだ。「子どもを今韓国に送るのは怖い」という電話を学生の保護者何人かから受けたという。

日本では韓国で当時広まっていた日本製品不買運動や「NO JAPAN」デモが連日報道され、韓国に行くのは危険だと思う人が増えていた。保護者が行かせたくないという学生は仕方ないにしても、参加したい学生だけでも参加すればいいのにと思ったが、研修の受け入れ先だった韓国側の機関でも日韓関係を理由に受け入れを断ってきたというのだ。教授は今にも泣き出しそうな顔だった。

韓国で暮らしている日本人の私から見て、日本の学生が研修で韓国に来て危険な目に遭う可能性は非常に低い。もしかすると食堂で日本語で話していて周りに嫌な顔をされるくらいはあるかもしれない。それぐらいはむしろ経験してもいいと思った。

なぜなら学生たちは「多文化共生」を学ぶゼミ生だった。私は教授に自信を持って言った。「多文化を学ぶにはちょうどいい時期です。大学が中止を決めたのでなければあきらめないでください。研修の受け入れ先はたくさんあります」と。こういう時だからこそ、民間交流は続けるべきだと思った。

そういうわけで、私の所属先の東国大学日本学研究所で日本の学生たちの研修プログラムを企画・進行することになった。教授は「大学の中であればまだ安全な気がする」と、ホッとしていた。突然の提案だったが、研究所では日韓関係を理由に反対するような人はいなかった。むしろ所長は「わざわざ日本から訪ねて来てくれて交流できるなんて、大歓迎」と言ってくれた。

横浜市は日本でも多文化共生の政策を先駆的に進めてきたことで知られる。日本の学生たちには横浜市の多文化共生政策に関して発表してもらった。

一方、一〇月には大阪で「ツーリズムＥＸＰＯジャパン」というアジア最大規模の国際観光博覧会が開かれた。週末に行ってみると、韓国のブースが他国のブースに比べて圧倒的ににぎわっていた。その中で仁川市を紹介する対談には、仁川観光広報大使（当時）のよすみまりさんと、仁川在住の浜平恭子さんが登壇した。よすみさんは神奈川県在住だが、コロナ前はほぼ毎月仁川を訪れて取材し、ブログやSNSで仁川の魅力を日本向けに発信していた。対談は「美」がテーマで、ストレス解消になる遊園地「月尾テーマパーク」や皮膚科で治療を受けた体験を写真を見せながら紹介した。

よすみさんが仁川を訪れるようになったのは、よもぎがきっかけだった。伝統的な健康法のよもぎ蒸しで冷え性の体質が改善した経験から、よもぎに関心を持ったのだ。特に仁川の江華島《カンファド》のよもぎが効果が高いと知り、江華島に通うようになった。よすみさんは二〇一六年に仁川観光広報大使に任命された後、日本で韓国関連の行事が開かれるたびに積極的に登壇し、仁川の魅力を広報していた。

この年の七月以降、地方自治体が主催する日韓の行事が相次いでキャンセルになり、よすみさんは「韓国の道端で『NO JAPAN』の横断幕を見ると、正直悲しい。だけどこういう時だからこそがんばろうとも思う。『こんな時によく来てくれた』と歓迎してくれる韓国の人も少なくない」と話していた。

浜平さんは現在は仁川に移住しているが、当時は神戸のラジオ「Kiss FM KOBE」のパーソナリティーで、二〇一八年に韓国の男性と結婚し、コロナ前まで毎週日韓を行き来していた。K-POPファンでもあり、K-POP関連のイベントの司会もよく担当している。浜平さんは「日韓関係が悪化しても日本からたくさんの人が韓国へ行っているのは分かる気がする」と話していた。日韓関係悪化をたびたび経験し、慣れてしまったのだという。「メディアが嫌韓報道をすればするほど『それでも私は韓国が好き！』という気持ちで韓国へ行く人もいると思う」。以前は目立たないようにこっそり韓国へ行く人もいたが、もはや堂々と「好きなものは好き。邪魔されたくない」という人が増えてきたようだ。

対談を聞いていた四〇代女性にも話を聞いてみた。二〇〇〇年代前半のいわゆる第一次韓流ブームの頃から韓国の俳優やK－POPのファンだったが、「李明博大統領が竹島を訪問した時に韓国の俳優が竹島に泳いでいったのにショックを受けた。応援していたのに裏切られたような気分だった」と振り返った。それからしばらくは韓国への関心は封印していた。ところが、日本語学校の教師となり、韓国の留学生と出会って再び関心が膨らんだ。学校を卒業して韓国へ帰国しても、日本で地震など災害があるたびに心配して連絡してくれる卒業生もいた。「国同士の関係が悪くなったからって、個人と個人の関係まで変わるわけではないと思えるようになった。こんな状況でも日本に来てくれるK－POPのアーティストを応援したい気持ちでコンサートに通っている」と話していた。

政治的な関係が悪くなっても、つないだ手をはなすまいと努力する一般市民も両国にたくさんいる。政権によって日韓関係が良くなったり悪くなったりを繰り返すことは十分予想できるが、民間交流を途絶えさせない努力は続けたい。

コロナが結んだ縁

新型コロナウイルス感染症が広まるまでは、日韓を毎月のように行き来していたが、二〇二〇年三月以降、日韓の往来が難しくなり、同年四月に渡韓してからは韓国に留まった。七月末に一時日本に帰国したものの、韓国入国のためのビザ取得が非常に難しくなって、一〇月下旬になってやっと韓国へ入ることができた。

日韓で四度目の隔離生活。慣れたもの、と思っていたら、とんだ落とし穴があった。仁川国際空港には無事到着したが、入国審査の前に問題が発生した。二週間隔離のための手続きで、おそらく兵役中と思われる若者たちが対応していた。その若者が、「あなたのビザでは自宅で隔離できませんよ」と言うのだ。何かの間違いだと思って尋ねたが、自宅でなく隔離施設に行かなければならないと言うのだ。

単に場所が自宅か施設かという問題ではない。施設の場合は一泊一〇万ウォン以上かかると聞いていた。一四日間では相当な出費になる。食い下がると、空港の出入国管理事務所に連れて行かれ、「宿泊費が払えないなら、日本に帰るしかない」と通告された。繰り返し言われたのは、「家があるかどうかの問題ではない。家族が韓国にいるかどうか」。だが、そうだろうか？　実際隔離に必要なのは家族よりも家だと思う。「保証人になってくれる人はいる」と言ってみたが、家族じゃないとダメだと言う。

渋々、施設での隔離を受け入れた。対応の若者たちが、「ここで待ってください」「ついて来てください」などと言うだけで、詳しい説明はない。短期ビザの外国人は韓国語のできない人が多いようで、私一人が「どこに行くんですか？」と聞き、金浦空港近くのホテルということが分かった。

ホテルに着き、一泊一二万ウォンの宿泊費を払った。痛い出費だが、だんだん、この体験を書くしかないなと、前向きな思考に変わった。そもそもSNSなどを通して、自宅隔離の状況を発信するつもりだった。自宅隔離なら出前を取って食べることができるので、フライドチキンやジャジャン麺など久々の韓国での「食」の楽しみを想像していた。ところが施設では出前は禁止、部屋で配られたお弁当を食べるらしく、その夢はあっさりしぼんでしまった。

二つの問題にぶち当たった。寒いことと、お弁当の内容が偏っていること。ホテルは新しいホテルだが、掛布団はぺらぺらの薄いもの。とにかく家に帰る気満々で来たので、服がない。というわけで、寒い寒い。韓国より暖かい大阪から来たので、寒さが身に染みる。ホテルには掛布団の追加を頼み、近くの友達に電話して、服を持ってきてもらうことにした。

お弁当については、チェックインの時にベジタリアンか否かの質問があったので、ベジタリアンでない方を選んだ。ところが、出てくるお弁当のおかずはお肉ばかりでほとんど野菜がない。これが二週間続くと体に悪そうだと思い、フロントに電話して「ベジタリアンのお弁当に変えてください」とお願いした。そうすると、いかにも素人が詰め合わせたような手抜き弁当が、しかも三つくらいのバリエーションのローテーションで出てくるようになった。

施設隔離のような珍体験はみんな興味があるだろうと思って、一日一食はお弁当の写真をSNSにアップした。そうすると、日本と韓国で反応が分かれることが分かった。日本の友人知人は、極端な肉か野菜かのお弁当を見て、基本的に「おもしろい」という反応。一方、韓国の友人知人の中には「改善を求めるべきだ」と怒る人がいて、そこまで深刻に考えていなかったので、逆にびっくりした。

韓国では食べることは大切なので、それを疎かにするのは許しがたい、という人もいるのだろう。「ホテルに怒ってやるから電話番号教えて」と言ってくれる親切な韓国の人たちもいたが、自分で言った。「ベジタリアンでない人も野菜は食べる。野菜も肉も入れてほしい」と。あまり響いてないような態度だった。

隔離が明けても、この時もらえたビザは一カ月分なので、半分が隔離で終わってしまった。目的は、大学院（博士課程）の受験だった。無事に合格し、二〇二一年三月から四度目の韓国留学が始まった。大学生の時に語学留学と交換留学で一年ずつ二度、そして朝日新聞退社後に三度目の留学（修士課程）をした。

もともとは修士修了後、韓国で会社を作って投資ビザに切り替えるつもりで一年以上準備していた。ところがコロナ禍で会社を作るのも投資も時機を逸してしまい、改めて何のビザなら取れそうかいろいろ調べたところ、韓国で就職でもしない限り、やはり留学ビザが最も現実的だと分かった。

周りの友人たちは、私が学究肌ではないのを知っている。博士課程に進もうと準備している話をしたら、「まだ勉強するの？」と怪訝な顔をした。神保町で韓国ブックカフェ「チェッコリ（CHEKCCORI）」を運営する出版社クオンの金承福社長は「教授になりたいの？　チェッコリ大学の教授になれば？」と言ってくださった（笑）。

博士課程に進みたい理由はもちろんあった。二〇一七年から参加している東国大学日本学研究所の在日コリアンの研究プロジェクトだ。これも修士なり博士なりに在籍していないと正式な参加は難しい。私は主体となって研究するよりも、日韓の橋渡し役を担うことが多いが、それはそれなりにやりがいを感じていた。

コロナ禍では韓国から研究者が日本へ来るのも難しいため、日本にいる間に資料集めやインタビューを頼まれることも何度かあった。

一つは、東国大学日本学研究所の生みの親でもある、京都の在日コリアン王清一《ワンチョンイル》氏（日本学研究所理事長）の資料集めとインタビューだった。二〇二〇年一二月と二〇二一年一月に京都へ訪ね、研究所から託されたリストに沿って資料をいただき、話を聞いた。王理事長の活動は多岐にわたるのでここでは省略するが、印象に残ったのが、二〇二一年春の選抜高校野球大会に初出場が決まった京都国際高校の話だ。

京都国際は韓国系の学校で、王氏は同校の理事長を長く務めた。私が王理事長に会った時には選抜出場が決まる前だった。京都国際は直近の近畿大会でベスト四に進出しており、通常なら選抜大会に出られるはずだった。ところが、王理事長は「校歌が韓国語だから、選ばれないかもしれない」と心配していた。試合終了後、勝った方の学校の校歌が流れるが、全国大会となれば全国で放送されるので、問題になりそうだというのだ。私は「もし校歌を日本語に変えたら出られると言われたら、どうしますか？」と聞いてみた。王理事長はちょっと悲しそうな顔で、「それは変えなあかんやろ。選手がかわいそうやもん」と話していた。

普段はあまり関心のない出場校発表のニュースをドキドキしながら見ていたら、京都国際が選ばれ、王理事長のほころぶ顔が目に浮かぶようだった。

京都国際はもともと一九四七年、京都朝鮮中学としてスタートした。一九五八年には京都韓国学園になり、二〇〇三年、今の京都国際中学高等学校となる。王理事長は「在日の民族教育は、我々在日だけの問題ではなく、日本人の問題でもある」とも指摘するが、選抜大会で韓国語の校歌が流れれば、それは日本の人にも在日コリアンについて考えるきっかけを与えることになる。もし日本語の校歌に変えてしまったら、京都国際が、京都朝鮮中学からスタートした学校だということに誰も気付かないだろう。

また王理事長は美術にも関心が高く、二〇一八年、経営する不動産会社のすぐ近くに「京都王藝際美術館」(「京都楽藝WANG美術館」に名称変更)を作り、王理事長が館長を務めている。個人的に収集したコレクションだが、作品数は一千点を超えるという。在日コリアンの芸術家を支援しようという思いが強く、特に京都生まれの在日二世郭徳俊《かくとくしゅん》の作品が充実している。

美術館はちょうど展示入れ替えの時期で、今後展示予定という北朝鮮の山水墨彩画を見せてもらった。金剛山《クムガンサン》や白頭山の美しい景色が描かれていた。韓国の国立博物館から社団法人南北コリア美術交流協議会に寄贈したもので、王理事長が約六〇点を購入したという。北朝鮮の美術品が日本で展示されるのは非常に珍しい。王理事長は北朝鮮の開城《ケソン》にルーツを持つ王氏で、高麗を建国した王建《ワンゴン》の末裔だ。それゆえ北朝鮮にも関心を持っている。

美術館の中には王理事長のお気に入りだという茶室もある。やはり京都の人だと思ったら、床の間には高麗青磁が飾ってあった。たった二日間だが、王理事長の人柄に触れながら、生まれ育った日本、そして韓国、北朝鮮への想いを感じた。

研究所の一員として復帰する前に、研究所を資金面で支えてくれた在日コリアンの想いを知る有意義な時間だった。

四　韓国各地を訪れて

美しい風景に隠れた済州《チェジュ》の痛み

二〇二一年三月末に映画関連の用事で済州を訪れた時、時期が時期だったのもあって、済州四・三平和記念館にも行った。時期が時期というのは、済州四・三事件の慰霊の時期という意味だ。一九四八年四月三日に起きた済州島での蜂起をきっかけに軍や警察の鎮圧で多くの島民が犠牲になった事件だ。

記念館の前には、大きな椿の花のモニュメントがあった。四・三事件の象徴だという。椿は冬に咲き、四月になると花がまるごと地面に落ちる。その様が四・三事件で虐殺された島民たちを連想させる。記念館の近くには椿の木もあり、確かに咲いたまま落ちた花が地面にぽつぽつとあった。

それ以前に、二〇一七年にも日本から旅行で来た夫と夫の両親と四人で記念館を訪れたことがあった。きっかけはこの年の八月に開かれた堤川国際音楽映画祭だった。韓国に留学したらやりたいことの一つは、「地方で開かれる映画祭に参加すること」だった。二〇一七年三月から韓国生活を始め、全州、富川《プチョン》の映画祭に参加し、三カ所目が堤川だった。地方のおいしいものを食べながら、韓国内外の映画人とも交流できる、夢のような時間だ。

映画祭の一番の魅力は、何といっても一般の劇場では見られない映画が見られること。堤川映画祭で見た『一〇〇年の歌』というドキュメンタリー映画も、そんな一本だった。インディーズミュージシャンの「タンピョンソン」が済州島を訪れ、一人のおばあさんの話を聞きながら曲を作る過程が描かれた。私にはこの映画の主人公はタンピョンソンよりもおばあさんのように感じられた。おばあさんの話の核心部分は四・三事件にまつわるものだった。誰が誰をなぜ殺しているのかもよく分からない混乱の中で夫と息子を亡くした。婚姻届けも出していない状態で家族を失い、いまだ何の補償も受けられないままだと語っていた。

音楽映画祭なので、タンピョンソン自身が上映後に舞台で歌を聴かせてくれたが、おばあさんの「恨《ハン》（悲哀）」の込められた歌に、済州の美しい風景に隠れた痛みを感じた。イ・サンモク監督はこの映画を作った理由を「忘れられていく済州の歴史を歌を通して伝えたかった」と説明した。イ監督はソウル出身だが、二〇一〇年に済州に移住し、音楽映画を作りながら暮らしている。ある時、観客からの質問で「済州に移住するアーティストたちをどう思うか？」と聞かれたという。その質問がこの映画を作るきっかけとなった。

済州に暮らしてみると、近所のお年寄りから「四・三の時にはあそこの畑でたくさんの島民が殺された」というような話を聞くことも珍しくないそうだ。近年は若いアーティストが済州にたくさん移住し、島の美しさばかりが注目を浴びるが、一方で過去の痛みを抱えて生きる人たちもいることを知ったという。

例えば人気バラエティー番組「ヒョリの民泊」の歌手イ・ヒョリも済州に移住した代表的なアーティストの一人だ。自然に囲まれたなかで夫婦ののどかな暮らしぶりを見ていると「私もあんな風に暮らしてみたい」とも思う。

私が四・三事件について知ったのは、朝日新聞大阪本社の文化部記者だった時だ。四・三事件を描いた映画『チスル』（二〇一三、オ・ミョル監督）が大阪で上映されるのに合わせて、関係者を取材した。大阪には在日コリアンが多いが、特に済州がルーツの人が多く、四・三事件から逃れて来た人もいる。

そのうちの一人は現在は奈良に住む在日の詩人、金時鐘さんだ。『一〇〇年の歌』に登場するおばあさんとは違い、金さんは事件の当事者だった。軍や警察と対立した南朝鮮労働党の連絡員として活動していたが、命が危うくなって日本へ逃れた。自身をかくまって殺された親戚、命がけで密航を手伝ってくれた両親……。金さんは話しながら涙をぬぐった。

金さんは罪悪感から、長い間事件について沈黙していたが、私が取材した当時は自伝的回想『朝鮮と日本に生きる――済州島から猪飼野へ』を執筆中だった。その大半は四・三事件についての生々しい証言だ。「なぜ今になって語り始めたのですか」と聞いてみた。金さんは自身の証言によって被害を受ける可能性のある人の多くがすでに亡くなったこと、以前は密入国の事実が明らかになれば日本から追い出される恐れがあったことなどを理由に挙げ、「今は仮に追い出されたとしても済州で暮らすのも悪くない」と笑った。

二〇一七年夏、映画『一〇〇年の歌』を見るまでは日本から観光旅行に来た家族と四・三事件関連の場所へ行くことは考えていなかった。映画を見て考え直した。世界遺産の城《ソン》山日出峰《サンイルチュルボン》に登ったり民俗村を巡ったり、おいしい海産物もたらふく食べながら、済州の歴史についても一緒に考えた。幸い、夫も夫の両親もよく知らなかった四・三事件について学べたことを喜んでくれた。

ドラマ『キム秘書はいったい、なぜ?』の大邱《テグ》

ドラマ『キム秘書はいったい、なぜ?』(以下「キム秘書」)を見て、行ってみたいと思ったのが、大邱《テグ》だった。大邱には友達が住んでいて何度か遊びに行ったことがあったが、いつも友達の家に泊まるだけで、翌日は慶州に行ったり、安東《アンドン》に行ったりと、よく考えると大邱をまともに歩いたことがない。

案内してくれたのは大邱市在住の趙順善《チョスンソン》さん。日本人向けの案内の達人で「スンちゃん」と慕われている。

「キム秘書」は韓国では二〇一八年に放送されたドラマだったが、日本では二〇二〇年にドラマ『梨泰院クラス』がヒットして主人公パク・セロイを演じたパク・ソジュンの人気に火が付き、続けて「キム秘書」を見た人が多いようだ。「キム秘書」ではパク・ソジュンはセロイとは真逆の役、財閥御曹司のイ・ヨンジュンを演じ、その秘書がキム秘書(パク・ミニョン)だ。

大邱の場面は二人のデートの場所として登場し、見たことのない風景だったので思わず検索した。ドラマの後半、二人が付き合っていることが社内で知られ、陰口をたたかれて落ち込んでいるキム秘書を励まそうと、ヨンジュンが大邱行きを提案する。大邱で会議というのは口実で、目的はデートだった。

ドラマでまず目に飛び込んできたのは細長い階段。ヨンジュンはキム秘書に「この階段はキム秘書のように美しい」と言って、階段を背景に写真を撮りながらじゃれ合っていた。大邱市中区にあり、「三・一万歳運動道」と呼ばれている。一九一九年の三・一独立運動の際、運動に参加する学生たちが日本側の監視を避けて、こっそり通った通路だそうだ。確かに裏道のような密やかな雰囲気だ。この辺りは近代建築がたくさん残っていて、散歩がてら案内の看板も読みながら、大邱の近代史を少しかじることができた。

その一つは、桂山《ケサン》聖堂。聖堂近くの案内板によれば、桂山聖堂の歴史は一八八六年に始まり、今の聖堂の姿が完成したのは一九一八年だという。築一〇〇年を超えるレンガ造りの建物だ。スンちゃんが「中もおもしろいですよ」と教えてくれたので入ってみると、ステンドグラスにカラフルな韓国の伝統衣装、韓服《ハンボク》を着た人たちが描かれていた。韓洋折衷の近代の雰囲気が残る。

一九五〇年には、朴正熙大統領がここで結婚式を挙げている。まだ大統領になる前のことだ。朴大統領は大邱に隣接する亀尾《クミ》市の出身だ。桂山聖堂は映画やドラマの撮影に使われることも多く、クォン・サンウ、ハ・ジウォン主演の映画『恋する神父』(二〇〇四)やキム・ユンソク、カン・ドンウォン主演の映画『プリースト　悪魔を葬る者』(二〇一五)などが撮られた。

「キム秘書」デートコースの二カ所目は「アプ山展望台」だった。アプ山は大邱市内にある山で、ケーブルカーに乗って楽々頂上へ。大邱が一望できる展望台はテラスのようになっていて、空の上にいる気分で景色を楽しんだ。実はドラマの中ではやや曇っていて景色がぼんやりしか見えなかったが、この日は空気が澄んでいてくっきりきれいに見えた。大邱は人口約二四〇万人の都市で、上から見るとマッチ箱のようにマンションが建ち並んでいた。

アプ山展望台ですっかりご機嫌になったキム秘書は、ヨンジュンを西門《ソムン》市場に案内し、夜市でタッパルを食べた。タッパルは、鶏の足だ。食べ物はたいてい何でも挑戦する私でも、最初はそのもみじのようなビジュアルにひるんだ。ドラマでも御曹司のヨンジュンは「こんなの食べるの?」という表情だったが、おいしかったらしい。パクパク食べていた。大邱は「チキンの聖地」とも言われる。KyoChonチキンやホシギ2羽《トゥマリ》チキンなど全国チェーンのチキン店は大邱発祥が多い。

韓国はソウルも地方もたくさん市場があるので、西門市場も特に期待せずに行ったが、行ってびっくり。すごい規模だった。スンちゃんは「漢江《ハンガン》以南で最大規模」と教えてくれた。漢江といえばソウルの真ん中を東西に流れる川で、東大門市場や南大門《ナムデムン》市場など大きな市場は確かに漢江の北側にある。この時行ったのは昼間だったので「キム秘書」に登場した夜市には行けなかったが、昼間もなかなかの活気だった。

地方に行くたびに時間があればドラマや映画のロケ地をめぐっているが、「キム秘書」とスンちゃんのおかげで初めて大邱をまともに歩き回ってその魅力を垣間見た。何より、釜山、大邱を含め慶尚道《キョンサンド》方面へ行くと感じるのは日本とのつながりだ。日本と関連の深い歴史や文化、産業について知ることも多く、家族や親戚に日本で暮らした（暮らしている）人がいるという話はかなりの頻度で聞く。一泊二日はあまりにも短く、また行きたい、もっと知りたい、と思う大邱だった。

韓国の地方で見た「日本」

二〇一九年秋、慶州、堤川、大田と韓国の地方を旅した。その地方ならではの文化や食べ物を楽しみながら、行く先々で「日本」を見つける旅となった。

慶州は「第五回世界ハングル作家大会」に参加するために訪れた。私が一番楽しみにしていたイベントは、最終日の「文学歴史紀行」だった。専門家の解説を聞きながら、歴史の街慶州を回る企画だった。そのなかで特に印象的だったのは月精橋《ウォルジョンギョ》だ。歴史書『三国史記』では、統一新羅時代の七六〇年に月精橋についての記録が出てくる。橋脚だけが残っていたのを、二〇一八年に復元した橋だ。それが、奈良の平城宮跡にある朱雀門とそっくりなのだ。平城京は奈良時代の都で、慶州の月精橋が作られた時期と重なる。平城京は唐の長安を模して作ったとされるから、唐の影響を受けた新羅の月精橋と似ているのも当然だ。

朝日新聞記者として最初の勤務地が奈良だった。奈良で文化を担当しながら、朝鮮半島とのつながりを感じることはとても多かった。奈良という地名については様々な説があるが、韓国語で国を意味する「ナラ」が語源という説もある。奈良で勤務していた頃、平城宮跡のすぐ近くに住んでいて、朱雀門は散歩コースとしてよく行った懐かしい場所だ。

奈良も京都も古都だが、雰囲気は少し違う。奈良時代には朝鮮半島だけでなく、シルクロードを通って多様な海外の文化が入ってきた。京都が都になった平安時代以降は「日本らしい」文化が発展した。個人的には異国の匂いがする奈良が好きだ。

二〇一五年一二月、ユネスコの国際会議の時にも慶州を訪れた。韓国ではシルクロードの終着点は慶州と言われているのをこの時初めて知った。当然奈良が終着点だと思っていたので驚いた。私だけでなく多くの日本の人がそう思っているのではなかろうか。奈良国立博物館の「正倉院展」では毎年正倉院の宝物が展示されるが、シルクロードを通って来た宝物も多い。毎年二〇万人以上が来場する人気展覧会だ。

二〇一四年、シルクロードの一部が「長安―天山回廊の交易路網」として世界遺産に登録されたのをきっかけに、韓国や日本につながる部分まで登録に向けた動きが本格化した。ところが、ユネスコの会議では両国が「終着点」を主張し、競い合うような雰囲気だった。シルクロードこそ韓国と日本の平和な交易の歴史として共有できる財産だと思うのだが、競争するのには違和感を感じた。

次に訪れたのは、堤川だ。堤川は毎年八月、堤川国際音楽映画祭に訪れているが、二〇一九年の映画祭の時に堤川市関係者に会い、堤川を「美食都市」として売り出す準備をしていると聞いた。堤川は韓方薬の薬剤となる薬草で知られ、薬草ご飯を中心に取材して日本のメディアに記事を書いたのがきっかけで、新たな美食ツアーに招待してもらった。堤川は日本ではあまり知られていない。日本でも韓方に関心のある人は少なくないし、毎年映画祭の開幕式やコンサートが開かれる清風湖《チョンプンホ》の湖畔は、観光地としても魅力的だ。もっと日本向けにアピールしてもいいのにと思い、市の関係者に言ってみると、意外な答えが返ってきた。「堤川はもともと義兵の本拠地だったので、積極的に日本に広報してこなかった」。私は二〇一八年の大ヒットドラマ『ミスター・サンシャイン』を見て義兵について少し知ったが、それまでほとんど知らなかった。主に日本の植民地化以前に日本と戦った民間兵だ。ということは一〇〇年以上前の話だ。

義兵の歴史について学ぶ目的で来たわけではなかったが、義兵にまつわる場所にも行った。歩きながら少しずついろんな食べ物を味見するツアーで、コーヒーをテイクアウトして寄った場所が中央公園だった。坂の上にある公園からは、堤川市内を見渡せた。義兵を指揮する場所だったという。

韓国の地方を旅していると、「豊臣秀吉の朝鮮出兵」とも言われる文禄・慶長の役や、日本植民地時代にまつわる場所に出会い、話を聞くことはよくあるが、義兵にまつわる場所は初めてだった。

大田は近年映画やドラマの撮影が増えているという話を聞いて、ロケ地を中心に回った。そのなかで、旧忠南道《チュンナムド》庁を見た瞬間、「富山県庁だ」と思った。外観だけでなく、内部も似ていた。旧忠南道庁では映画『ザ・キング』(二〇一七)や『弁護人』(二〇一三)、ドラマ『推理の女王』(二〇一七)など多くの作品が撮影された。旧忠南道庁は日本植民地下の一九三二年、富山県庁は一九三五年に建てられた同時期の庁舎だ。私が初任地奈良の次に勤めたのが富山で、県政担当記者として富山県庁は毎日出勤する場所だった。親近感のある場所が急に韓国に現れたような不思議な気分だった。

植民地時代の建物が多い仁川や釜山、木浦、群山などは行ったが、大田にも多いというのは知らなかった。旧忠南道庁は現在「大田近現代史展示館」となっていた。展示館の説明によれば、大田は植民地時代に鉄道建設によって発展した街だ。本格的に大田に日本人が入ってきたのは一九〇四年ごろ、多くは鉄道建設関連の技術者や労働者だった。一九〇五年にソウルと釜山を結ぶ京釜線が開通したのに加え、下関と釜山を結ぶ関釜連絡船の行き来が始まり、大田に多くの日本人が移住してきたという。

大田では大田駅近くの蘇堤洞《ソジェドン》の鉄道官舎村にも行った。おしゃれなカフェやレストランができている大田のホットプレイスと聞いた。植民地時代に鉄道関連の仕事をしていた人たちが暮らした場所で、時間が止まったように昔の建物がそのまま残っていた。その昔の建物を生かして、カフェやレストランとして運営しているのだ。

そのなかで、竹林の中にあるカフェ「風流家」に入ってみた。ガラス越しにさやさやと風に揺れる竹林を眺めながら、何時間でもいたいようなカフェだった。調べてみると、ソウルのホットプレイスとなっている益善洞《イクソンドン》の都市再生を手がけた会社「イクソンタダ」が運営するカフェだった。イクソンタダのスタッフに話を聞いてみた。「蘇堤洞の建物は植民地時代に建てられたものですが、解放後七〇年以上の歳月、大田の人たちの歴史も詰まった場所」と話したのが印象的だった。イクソンタダは「古きものの価値を発見し、新たな意味を加える」ことをモットーにしている。

意図したわけではなかったが、結果的に韓国の地方で「日本」を発見する旅となった。植民地時代の建物は韓国の人たちにとって不快に感じられることもあると思うが、それも韓国の歴史の一部だ。日本の人にとっては、日本にいればなかなか目にする機会のない植民地時代の歴史を知る建物でもある。

未来都市松島《ソンド》

二〇一九年、母の七〇歳の誕生日に、仁川の松島《ソンド》にある慶源斎《キョンウォンジェ》アンバサダーホテルの宿泊券をプレゼントした。このホテルはドラマ『トッケビ』(二〇一六〜二〇一七)などの撮影地としても知られる。外観は韓屋のように見えるが、中はベッドのある西洋式スタイルだ。昔ながらの韓屋はオンドルの床に布団を敷いて寝るので不便に感じる外国人も多いが、韓国の昔の雰囲気を味わいたいけどもベッドで寝たいという外国人にぴったりのホテルだ。母も韓屋の美しさと居心地の良さに大満足。

一階の部屋を予約したら小さなプライベートの庭がついていて、そこでワインを飲みながら誕生日ケーキを食べ、久々のおしゃべりに花を咲かせた。

ホテルは朝鮮時代にタイムスリップしたような建物だが、周りには六八階建てのポスコタワーをはじめ高層ビルが並び、新旧の対比がおもしろい。松島は「国際都市」と呼ばれる。慶源斎は松島セントラルパークの中にあり、セントラルパークの湖では水上タクシーも運行している。水上タクシーに乗った母は高層ビルを見上げながら「日本なら地震が怖くてこんな高い建物に住めないね」と言った。

松島の高層マンションに住む芸能人も多いと聞く。韓国では高いところに住むのが富の象徴のようだ。セントラルパーク近隣のGタワー三三階にある展望台からは松島が見渡せる。建設中のビルもたくさん見えた。母は「絵に描いたような未来都市ね」とため息をついた。展望台から撮った写真をSNSにアップすると「韓国にこんな所あるの？」と、韓国の友人たちも驚いていた。

見る分には美しいが、どこか不安な気がするのも事実だ。日本のバブルを思い起こすからだ。バブル景気の当時バブルだと認識していた人はどのくらいいただろう。バブルがはじけたからバブルだったのだと後になって気付いた人が大半ではなかろうか。日本でもバブルの頃は不動産価格が高騰した。転売が繰り返され、実際の価値よりもずっと高い価格になっていた。戦後おおむね経済発展を続けた日本では不動産価格が上がり続けるのを当然と思う人も多かったと思う。

一方、韓国では景気が悪いと言われながらも高層ビルやマンションが増え続け、値段も上がり続けているところが多い。松島は高い建物が多い一方、地上には人の姿があまり見られない。私が住む一山も九〇年代に開発の進んだソウルのベッドタウンだが、新たにできたショッピングモールは入店が少なく、ガラガラの寂しい風景も目に付く。人は増えないのに箱ばかりが増えているのだ。

日本の総人口は二〇〇八年の一億二八〇八万人をピークに減少に転じており、少子高齢化はすでに身近な問題だ。空き家をどう活用するのかが近年の関心事で、建物が増え続ける時代は終わった。一方韓国は出生率が世界最低レベルとなっており、少子高齢化が指摘されながらもビルやマンションが増え続けている。日本のバブル崩壊のようにならないか心配だと言ってみても、韓国の不動産価格は上がり続けると自信を持って答える人もいる。

慶源斎も宿泊客としては朝鮮時代の王妃になったような気分で優雅に過ごしたものの、ここに仁川市の多額の予算が使われていると聞けば、少し心配な気にもなる。関係者に聞いてみれば「仁川は海に面しているので、埋め立てて土地を作ればまたお金が入ってくるから大丈夫」と笑う。大丈夫な気がしないのは私だけだろうか。

韓国も日本も地域によって様々

大学院の授業などで「日本人はどう思う?」と意見を聞かれることがよくある。そういう時、「自分が日本人の平均とは思わないけども、私はこう思う」と答えている。私の答えを聞いて、日本人はみんなそう思うと受け取られても困るからだ。当然だが、韓国人も人によって様々なように、日本人も人によって様々。特に日本は韓国に比べて南北に長く、気候や風土が多様なだけに地域によっての差は韓国よりも大きいように感じる。

新聞記者は転勤が多く、私も九年の間に奈良、富山、大阪、東京と四カ所を経験した。それ以前に高知にも長く暮らし、それぞれ違いを感じた。例えば、富山の人はまじめな人が多いと感じた。データで見れば、持ち家率が高い。周りでも若い時から家を購入するためにこつこつお金を貯める話をよく聞いた。暮らしてみると、富山は雪がよく降るので冬は活動が難しい。読書をするなど家で過ごす時間が増える。暖かい時期に働けるだけ働く。こういう生活パターンが性格にも影響している気がした。持ち家率ランキングを見れば、北陸や東北など雪の多い地域が高いのが分かる。

ところが、一度旅行や出張で行った日本がどこの地域であれ、そこが「日本」というイメージを持つ韓国の人も多いようだ。一度日本へ旅行で行ったことがあるという韓国人の友達が「日本人は秩序を守ると聞いていたけど、意外に赤信号でも道路を渡る人がいた」と言うのを聞き、思わず「それはもしかして大阪だった？」と聞き返した。果たしてそうだった。私の経験上、赤信号でも状況を見て渡る人は比較的大阪でよく見かける。もちろん大阪の人も大半は信号を守るのだが、よく言えば融通が利く傾向がある。東京は人が多いから、みんながきっちり秩序を守らなければ大変なことになるのかもしれない。

一方、韓国で運転をするには融通が利かなければ難しい。日本と違って右側通行だが、右折は赤信号でもできることになっている。当然、横断歩道に歩行者がいたら停車しなければならないのだが、歩行者がいないのに信号が青に変わるのを待っていると後ろの車にクラクションを鳴らされる。信号通りに動けばいいわけではないのだ。

日本で放送局のプロデューサーに聞いた話だが、東京で撮影をする時は、道行く人たちは見て見ぬふりをする人が多く、撮影に支障が出ることは少ないという。ところが大阪では「何撮ってんの？」「いつ放送するん？」を声をかけてくる人が多く、撮影が難しいと言っていた。逆に道行く人に意見を聞くような撮影では、急にマイクを向けても積極的に答えてくれる人が多い大阪の方がやりやすいとも言っていた。

確かに、大阪では知らない人に声をかけられることが少なくない。例えばスーパーで買い物をしていて横から知らないおばちゃんが「こっちの方が安いで」と教えてくれたり、というのは大阪ではたまにあるが、東京では経験したことがない。大学生の頃、朝早く自転車でバイト先に向かっていると、向こうから歩いてきた知らないおじちゃんに「姉ちゃん、朝帰りか？」と大声で言われて恥かしかったのも、大阪で、だ。韓国でも、道を聞かれたり、時間を聞かれたり、たまに「携帯電話貸して」とお願いされたり、知らない人に声をかけられることは多い。

だからかもしれない。日本に留学したという韓国人のうち、「何年いても日本人の友達と付き合うのが難しかった」と言うのは東京など首都圏が多く、大阪を含む関西圏に留学した人はわりと日本人の友達とも親しく付き合っている場合が多いようだ。もちろんこれもケースバイケースだが、私自身がそうだった。大阪・高知出身の私は、東京にいた間に新たに仲良くなった友達は少なく、もともと大阪や高知で知り合って東京にいる友達と遊ぶことが多かった。理由は分からないが、人があまりにも多く、みんな忙しそうな雰囲気のため、親しくなるまでの壁があるのかもしれない。

私は韓国ではソウルと、ソウル郊外の一山にしか暮らしたことがないので、韓国の首都圏以外はあまり分からない。機会あるごとに地方へ足を延ばしてはいるが、暮らさないと分からないことは多いと思う。ただ、年に数回行き、知人も多い釜山について言えば、親近感を感じることが多い。言葉では少し荒っぽくても、実は情があるというのが、なんとなく大阪の人と似ている。第二の都市、港湾都市という共通点もあり、実際に行き来が多いのもあるだろう。

一言で日本、日本人、韓国、韓国人はどうとは言えないのを心得たうえで、日本についても韓国についても、もっといろんな地域に出向いて、肌身で感じてみたいと思う。

日中韓が共存する群山《グンサン》

韓国映画ファンの私にとって、群山は長く憧れの地だった。ホ・ジノ監督の映画『八月のクリスマス』の舞台として知られるチョウォン写真館をはじめ、群山で撮影された映画は一〇〇本を超える。

一方で、日本人としてはちょっと行くのをためらう場所でもあり、なかなか足を運べずにいた。日本植民地時代、群山は日本へ米を送り出す主要な港だった。その「収奪の歴史」を思うと、ロケ地を見て回るのは少し気が引けるような思いだった。

行こうと決めたのは、二〇一九年一〇月の釜山国際映画祭でチャン・リュル監督の『群山：鵞鳥を咏う』（以下「群山」）を見てだった。ユニョン（パク・ヘイル）とソンヒョン（ムン・ソリ）という男女が群山を旅する映画なのだが、映画の中に出てくるいくつかの場所を直接見てみたいと思った。

一〇月末、映画を一緒に見た友達と群山へ向かった。気になった場所の一つは東国寺《トングクサ》だ。急傾斜の屋根の大雄殿は見るからに日本式の建物だ。植民地時代、日本の曹洞宗の寺だったという。「群山」ではソンヒョンが一〇八拝（一〇八回の拝礼）をする場所として出てくるが、境内に慰安婦被害者を象徴する「平和の少女像」があるのが目に入った。

チャン・リュル監督が群山で映画を撮ったのは、日本式家屋が多く残る場所だからだという。そのことについて問うと「建物は文化だ。人は文化を通して疎通するべきだ」と答えた。植民地時代の痕跡だからと忌み嫌う必要はないという意味だが、映画を見ると日本の「加害」を想起させる場面が何度か出てきた。そのうちの一つが少女像だ。

直接訪ねてみると、少女像の後ろに碑があった。右側に日本語、左側に韓国語で「懺謝文（懺悔と謝罪の文）」と刻まれていた。曹洞宗宗務総長の文章で、海外布教という名目でアジアの人々の人権を侵害したことについて謝罪する内容だった。曹洞宗がこんな文章を発表していたなんて知らなかった。

二〇一二年九月、日本の「東国寺を支援する会」がこの碑を建てたと書かれていたが、李明博大統領が竹島に上陸し、日韓関係が険悪だった時期だ。韓国の人から見れば日本は過去の過ちについて謝らない国に見えているようだが、民間レベルでは謝って韓国と交流しようという日本人も少なくない。この碑の存在がもっと知られればいいのにと思った。

「群山」で気になったもう一つは、ユニョンとソンヒョンがたびたび詩人尹東柱に言及することだ。二人とも尹のファンという設定なのだが、群山と尹は直接的な関係はないはずだ。

ところが、群山に来てみて感じたのは、尹と群山は似ているということだ。群山近代歴史博物館には尹の代表作「序詩」が書かれた横断幕がかかっていた。使用を禁じられた朝鮮語で詩を書き、日本留学中に捕まって獄死した尹。だから尹は朝鮮語を日本に奪われた象徴のような存在であり、群山もまた日本に主食である米を奪われた象徴的な場所なのだ。

ただ、私が似ていると感じたのは、日中韓が混在している点だった。群山の日本式家屋の中に、映画『将軍の息子』(一九九〇)や『タチャ　イカサマ師』(二〇〇六)の撮影場所として知られる「広津家屋」がある。畳の部屋と日本風の庭園があり、典型的な日本家屋のように見えるが、窓は円形の中国式で、韓国のオンドルも備えている。日中韓の混ざった建物なのだ。

尹も今で言えば中国の延辺朝鮮族自治州にあたる地域の出身だ。この地域は一八世紀から朝鮮人が入植し、その後、日本の侵略・抑圧から逃れた人たちが増えて、「間島《カンド》」と呼ばれた朝鮮人居留地となっていた。尹は京城の延禧《ヨンヒ》専門学校(現・延世大学)に通った後、日本へ留学した。私は何度か尹に関する記事を書いたことがあるが、日本の読者に向けて、尹がどんなに韓国で愛される存在なのかを表現しようと「韓国の国民詩人」と書いて、「韓国」に限定していいのかという疑問がわいて書き直した経験がある。

厳密に言えば、尹が現在の韓国の地にいたのは延禧専門学校にいた時だけだ。映画「群山」にも似たような指摘が出てくる。ユニョンの家には朝鮮族の家政婦がいるが、ユニョンはその家政婦が尹の親戚という事実を知ったとたん、尊敬の眼差しを向ける。韓国の人たちが尹は国民詩人とあがめながら、朝鮮族に対しては差別的な態度を見せるのを皮肉った場面が何度か登場した。チャン・リュル監督自身が朝鮮族で、実際に韓国で感じる矛盾を描いたようだ。

「群山」で尹がたびたび言及されるのは、「収奪」の象徴よりも日中韓の「境界人」だからだと思う。二〇一七年末、私は中国の延辺で開かれた尹東柱生誕一〇〇周年を祝う日中韓のシンポジウムに参加した。日中韓の研究者や詩人、ファンたちが集まって対話し、尹は東アジアの人たちを結ぶ存在だと実感した。

群山名物も日中韓が入り混じっている。「群山に行く」と言った時、周りからはチャンポンと「李盛堂《イソンダン》」のあんパンを食べるよう勧められた。チャンポンは韓国化されているがもとは中国の料理で、あんパンは日本から入ってきたパンだ。

実は私が群山に関心を持った理由の一つも、「李盛堂」についての本を読んだからだ。

李盛堂は全国的に知られる老舗のパン屋で、看板には「since 1945」と書いてあるが、一九四五年以前は李盛堂の場所に日本人が経営する「出雲屋」という製菓店があった。その日本人経営者は終戦後も群山に残ろうとしたという。商売のためもあるだろうが、それだけ周りの朝鮮人ともいい関係を築いていたようだ。

尹の写真に同志社大学の友人らと川辺にハイキングに出かけた時の写真がある。日本人の友人に囲まれて微笑む尹の表情が印象的だった。尹は日本の軍国主義と闘いながら、日本人と友人として付き合える人だったのだと思う。週末には一日二万個が売れるほど人気の李盛堂のあんパンを食べながら、日中韓の文化が共存する群山はやっぱり尹東柱と似ていると思った。

あとがき

二〇一七年に朝日新聞を退社して韓国に留学した頃、ソウル特派員の先輩がお酒の席で「会社を辞めて、韓国に映画を学びに来た変わった後輩がいる」と中央日報の記者に話したことがきっかけで、韓国で暮らしながら気付いたことや感じたことをコラムとして中央日報に連載することになりました。

正直、当時の私は、とても韓国の新聞にコラムを書けるような韓国語力は持ち合わせていませんでした。でも、日本で報じられる韓国、韓国で報じられる日本は、いずれも政治や歴史問題などを取り上げることが多く、自分が肌で感じるのとは違うと思うことがたびたびあり、できるだけ等身大の日本、そして韓国を伝えたいという思いがありました。つたない韓国語ながらコラムを書き続け、それをまとめたのが二〇二〇年に韓国で出版された『どこにいても、私は私らしく（어디에 있든 나는 나답게）』です。日本語が母国語の私が、初めて出版する本が日本でなく韓国で出るなんて、夢にも思っていませんでした。

そもそも韓国の読者に向けて書いたコラムのため、日本語版についてはほとんど考えていませんでした。ところが、韓国での出版についてSNSでお知らせしたところ、日本語版は出ないんですかと、何人かの方にお問い合わせいただき、考え直しました。翻訳した内容をそのままというわけにはいかないけれど、日本の人たちにも、私が韓国で経験し、感じたこと、考えたことをお伝えしたい。そこへクオンの金承福社長から「日本語版を出しませんか」とお声がけをいただき、「ぜひ！」と即答しました。時間の経過も考慮して、韓国語版に加筆・修正したのが本書です。

振り返ってみれば、日韓関係が過去最悪と言われた状況からコロナ禍になって日韓の行き来すら途絶え、交流を続けるための突破口を見つけるべく悩み、もがきながら書いたものが多く、今となっては懐かしいような気持ちです。立ち上げ準備に半年ほど費やした「勝手に韓国広報課」も活動開始直後にコロナで阻まれ、休止している間にメンバーの状況も変わり、どう再開するかを模索しているところです。

新たに始めたこともいくつかあります。一つはYouTubeで、「町に出た隣人達（거리로 나온 이웃들）」というチャンネルを二〇二三年夏から日本人二人、韓国人二人で始めました。「日韓の違いを楽しむ」というのがコンセプトです。

もう一つは二〇二三年秋、韓国で会社を設立しました。「MOMO CULTURE BRIDGE」という社名の通り、日韓の文化の橋渡しが目的です。「MOMO」には韓国語の「뭐뭐？（なになに？）」という好奇心の意味も込めました。

日韓の違いに触れる時、かつて母が私に言った言葉を思い出します。「彩は違いを楽しむ人になってほしい」。韓国へ来る友人、知人を見ていると、日本と違う韓国に接した時、大きく二通りの反応が見られます。「え、日本と違う…」と引いてしまう人、「日本と違うね！」とおもしろがる人。私は後者でありたいと思います。なんで違うのか、その背景も知りたい。そういうことの積み重ねで、互いの理解が深まっていけばいいな、と願います。

中央日報の連載から本書の出版まで、多くの方に助けていただき、心からお礼申し上げます。何よりこの本を手に取って読んでくださった皆さん、ありがとうございます。そしていつも一番の読者でいてくれた天国の母に、ありがとう！

二〇二四年七月

成川彩

成川彩（なりかわ　あや）

韓国在住文化系ライター。二〇〇八～二〇一七年、朝日新聞記者として文化を中心に取材。二〇一七年からソウルの東国大学大学院へ留学し、韓国映画を学びながら、中央日報（韓国）や共同通信をはじめ、日韓の様々なメディアで執筆。KBS WORLD Radioの日本語番組「玄海灘に立つ虹」で韓国の本や映画を紹介している。二〇二三年、『現地発 韓国映画・ドラマのなぜ？』（筑摩書房）を刊行。同年、鶴峰賞言論報道部門大賞を受賞。

公式ウェブサイト　https://ayanarikawa.com/

映画《えいが》に導《みちび》かれて暮《く》らす韓国《かんこく》——違《ちが》いを見《み》つめ、楽《たの》しむ50のエッセイ

2024年10月15日　初版第1刷発行

著者　成川彩
編集　藤井久子
ブックデザイン　安藤紫野
DTP　有限会社アロン デザイン
印刷　大盛印刷株式会社

発行人　永田金司　金承福
発行所　株式会社 クオン
〒101-0051　東京都千代田区神田神保町1-7-3　三光堂ビル3階
電話　03-5244-5426／FAX　03-5244-5428
URL　https://www.cuon.jp/

ISBN 978-4-910214-52-8 C0095

万一、落丁乱丁のある場合はお取替えいたします。小社までご連絡ください。

K-BOOK PASSは“時差のない本の旅”を提案するシリーズです。
この一冊から小説、詩、エッセイなど、さまざまな
K-BOOKの世界を気軽にお楽しみください。
